1

2

Zehner **E**iner

1	2

| 12 |

Zehner **E**iner

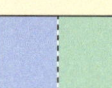

Zehner **E**iner

3

Zehner **E**iner

Zehner **E**iner

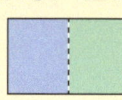

Zehner **E**iner

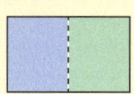

4

Zehner **E**iner

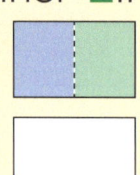

Zehner **E**iner

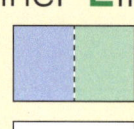

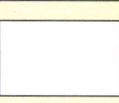

Zehner **E**iner

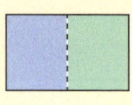

› 2 – 4 Zuerst mit Zahlenkarten legen, dann Zehner und Einer eintragen.

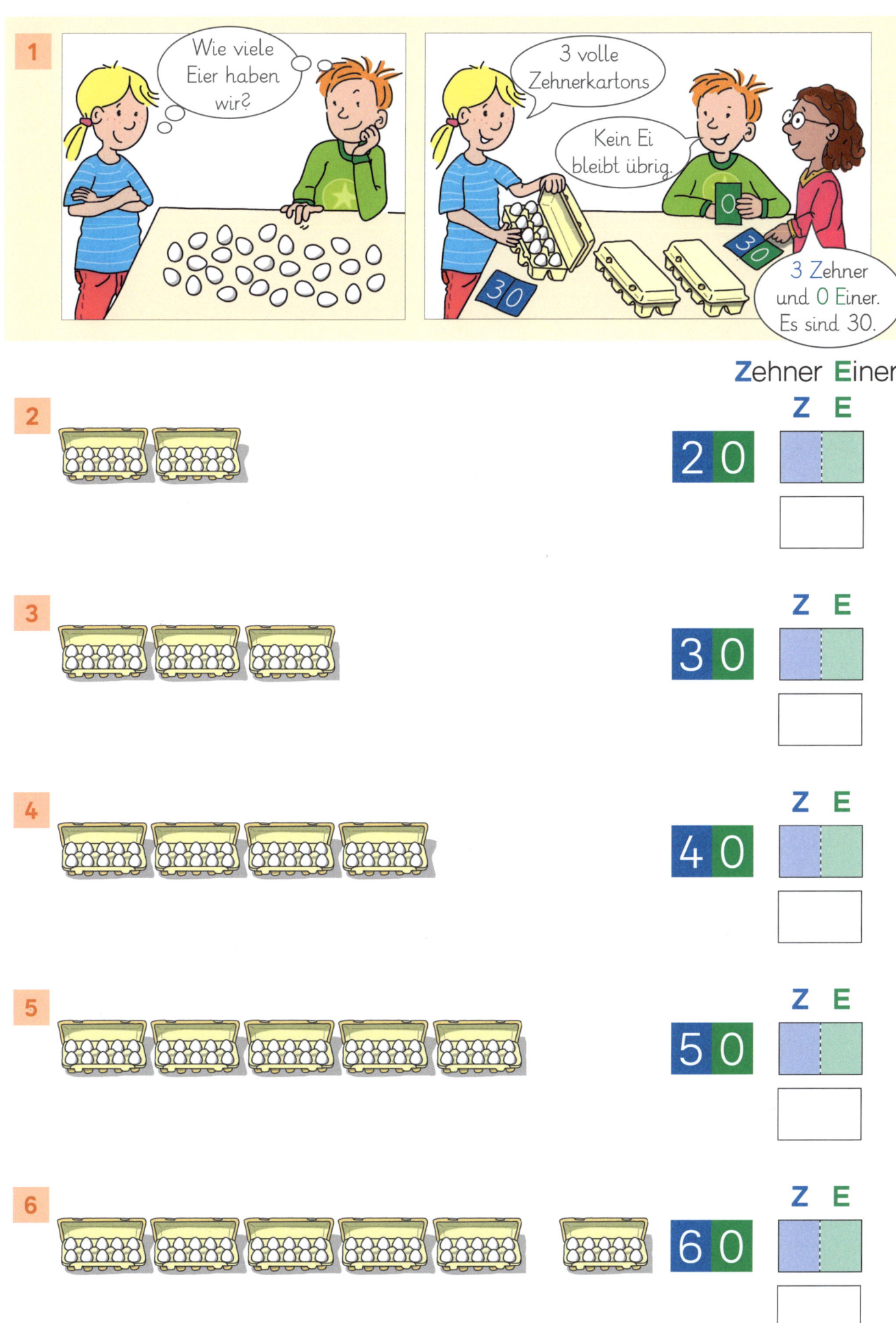

Zehner Einer

2

Z	E
2	0

3

Z	E
3	0

4

Z	E
4	0

5

Z	E
5	0

6

Z	E
6	0

› **2–6** Einen Vergleich mit den Zahlen im zweiten Zehner auf Seite 2 herstellen und den Unterschied der sprachlich ähnlichen Zahlenpaare deutlich machen (z. B. 14, gesprochen „vier*zehn*" und 40, gesprochen „vier*zig*").

1

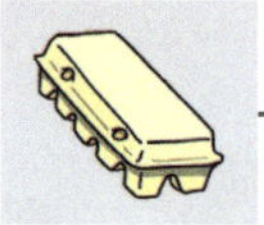

10

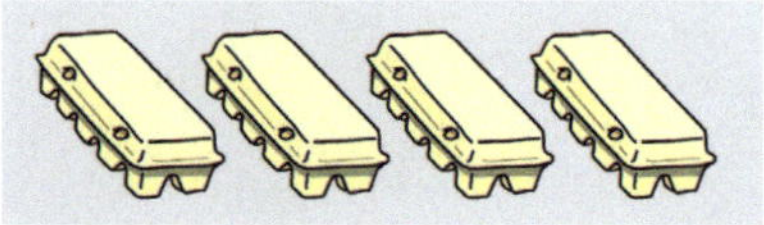

20

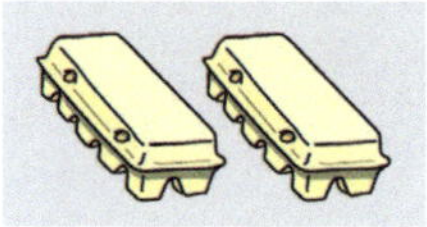

30

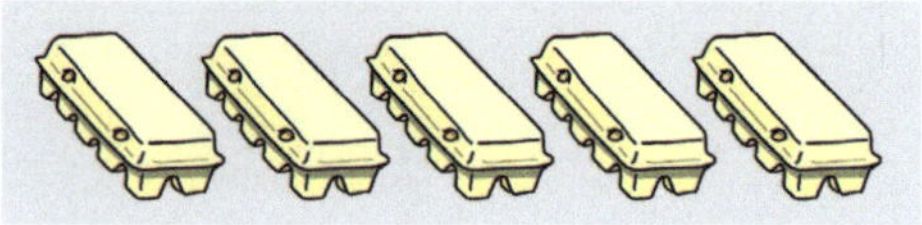

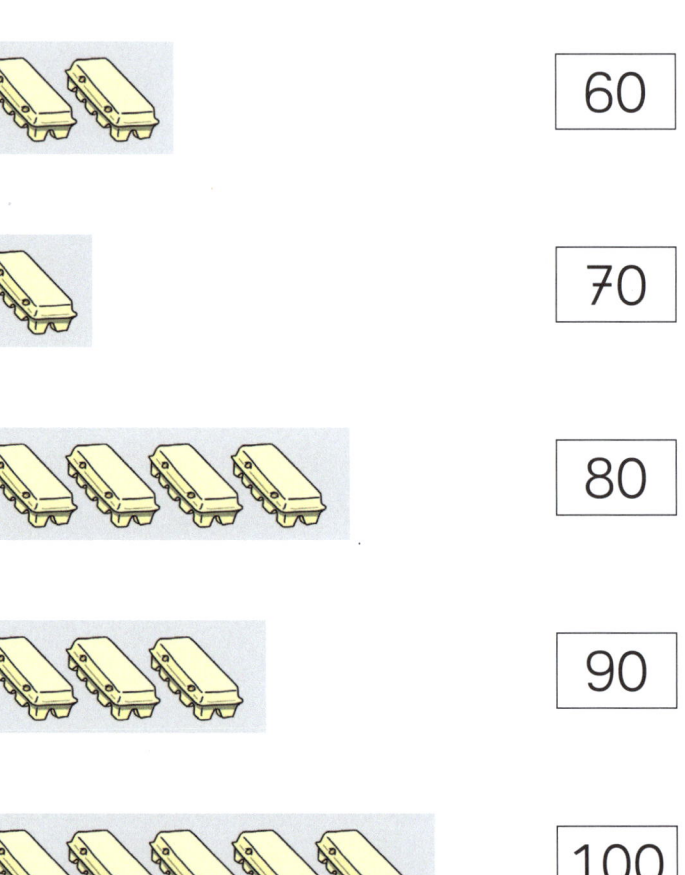

In jedem Karton sind 10 Eier.

40

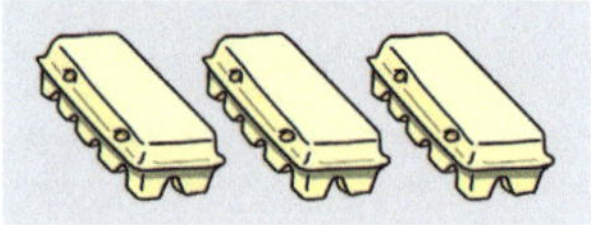

50

2

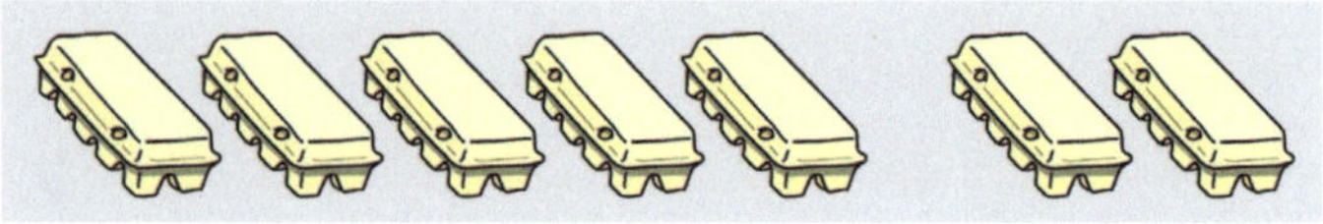

60

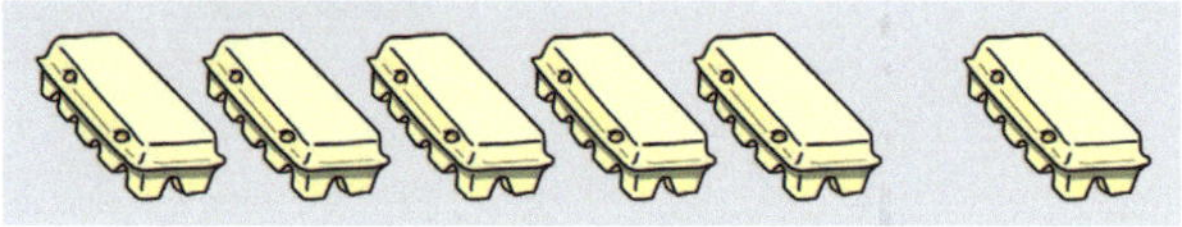

70

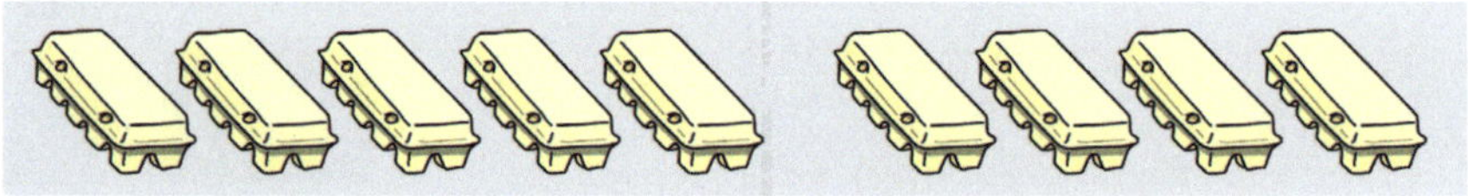

80

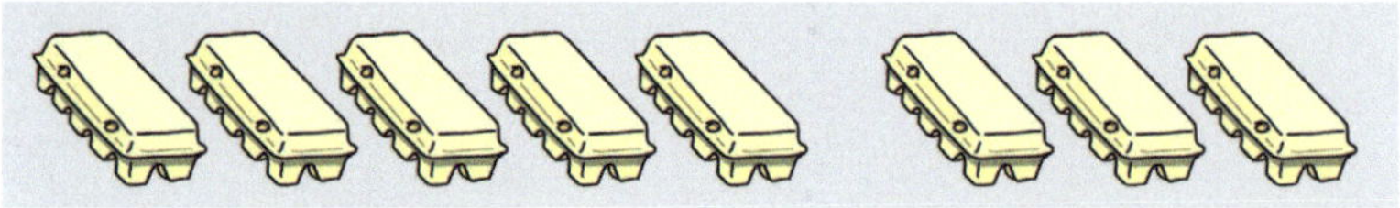

90

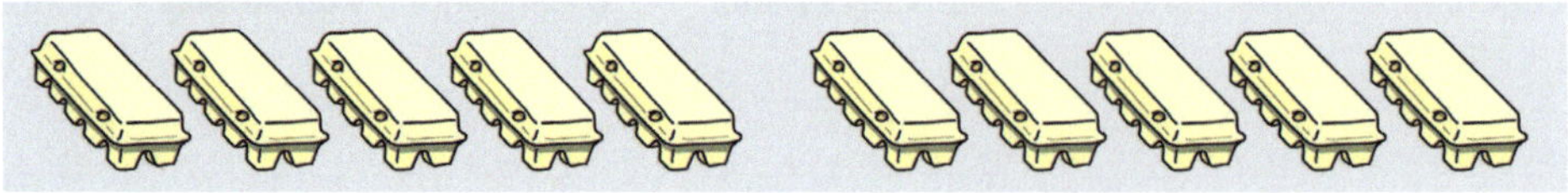

100

› **1 – 2** Ggf. klären, dass hier im geschlossenen Karton immer 10 Eier sind. Eierkartons mit der passenden Zehnerzahl verbinden.

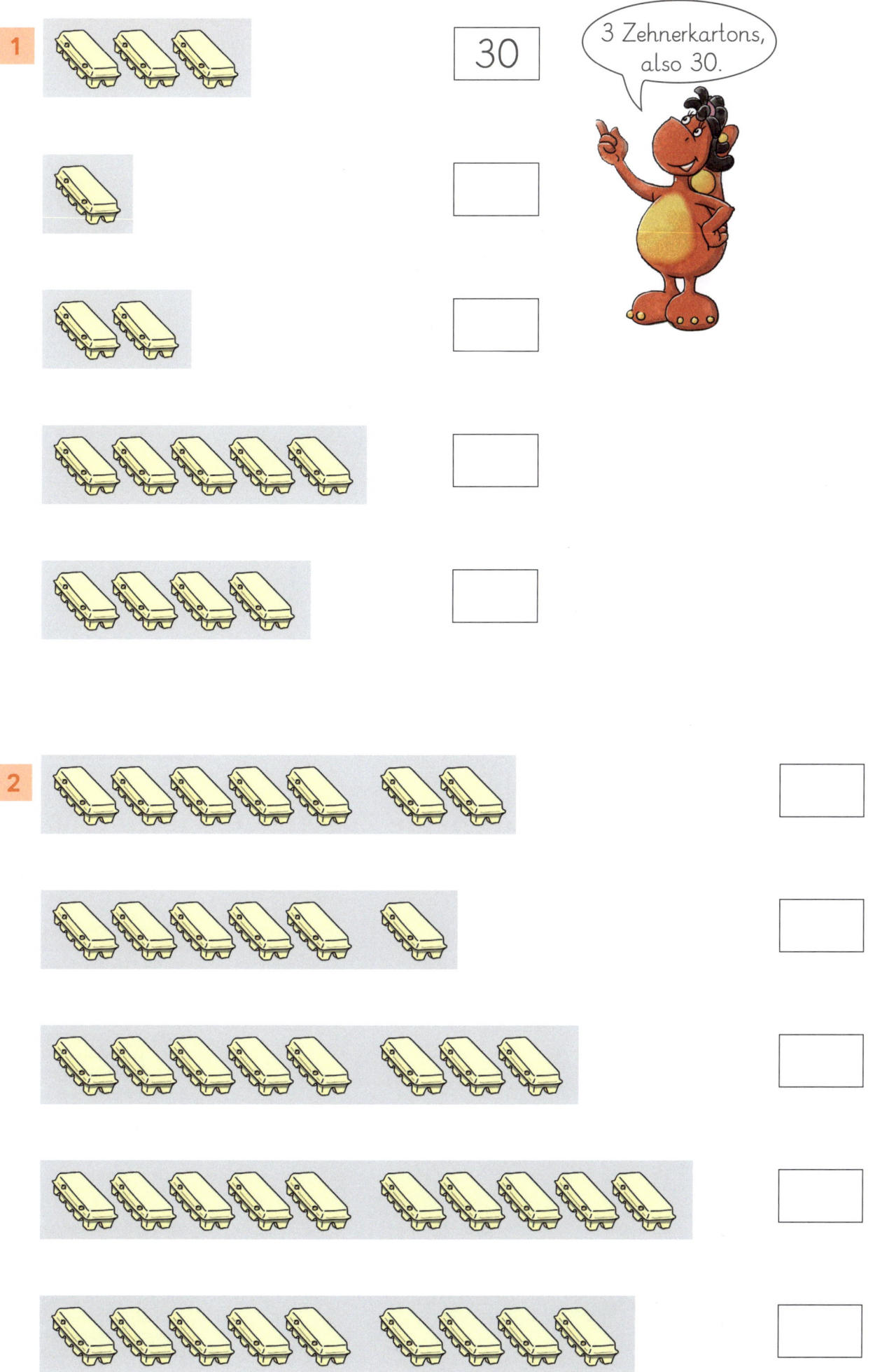

1 30

3 Zehnerkartons, also 30.

2

› 1–2 Zehnerzahl erkennen und eintragen.

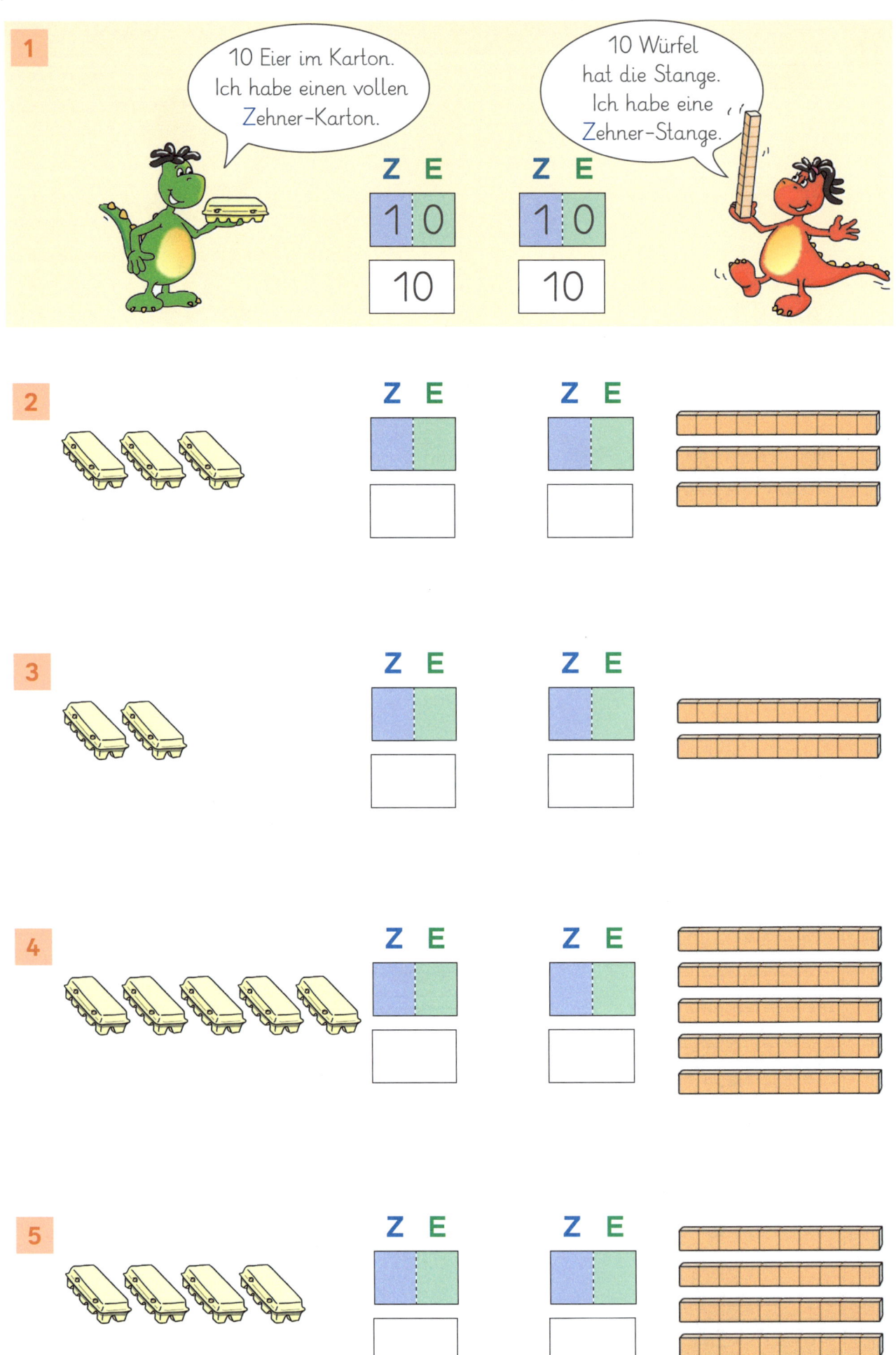

1 10 Eier im Karton. Ich habe einen vollen Zehner-Karton.

10 Würfel hat die Stange. Ich habe eine Zehner-Stange.

Z E   Z E

| 1 | 0 | | 1 | 0 |

10   10

› **1** Über die Situation sprechen. Verständnis für Eierkarton und Zehnerstange als Repräsentanten für einen Zehner vertiefen.
› **2–5** Eierkartons und Zehnerstangen vergleichen. Zehnerzahlen eintragen.

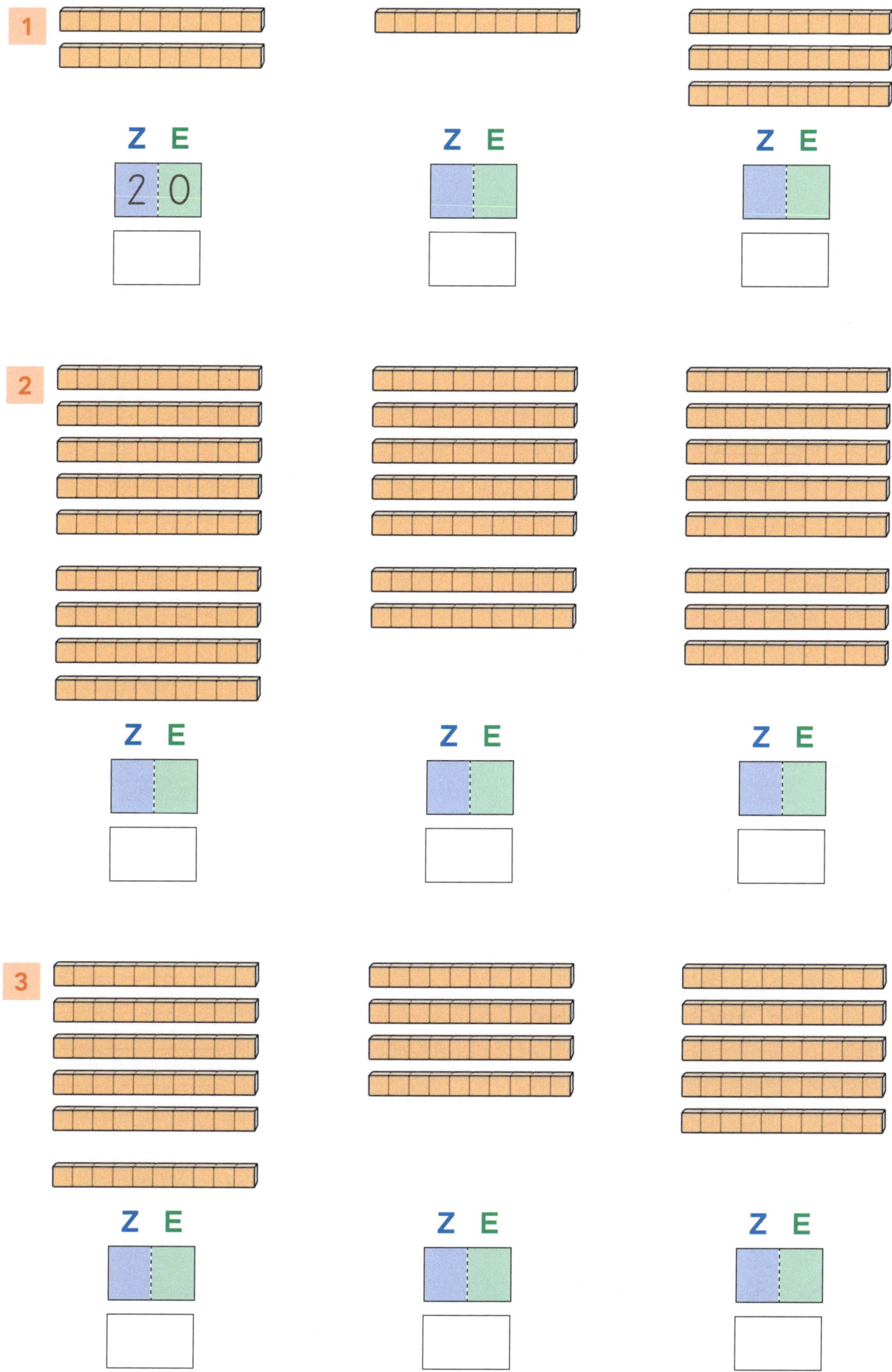

1

Z E
2 0

Z E

Z E

2

Z E

Z E

Z E

3

Z E

Z E

Z E

› 1–3 Zehnerstangen legen. Dann die Zehnerzahl eintragen.

1

2

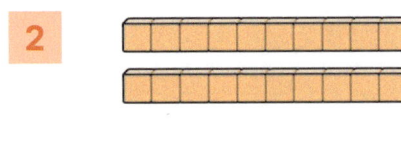
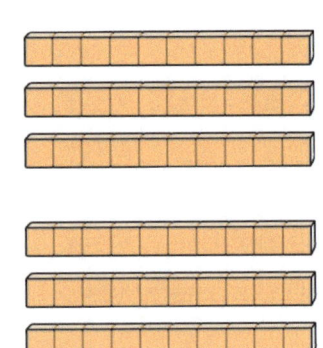

2 Z + 3 Z = 5 Z

__20__ + __30__ = _____

3 Z + 3 Z = 6 Z

__30__ + _____ = _____

3

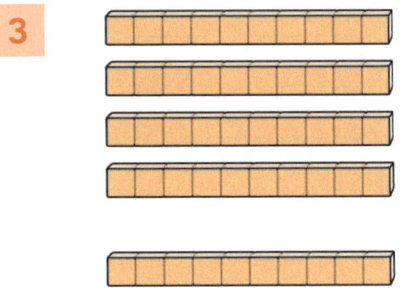
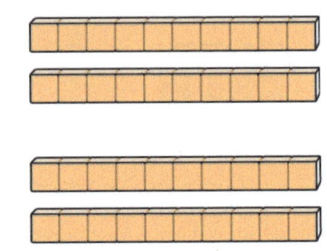

4 Z + 1 Z = ___ Z

_____ + _____ = _____

2 Z + 2 Z = ___ Z

_____ + _____ = _____

4 Zehnerzahlen addieren

Ein Kind legt eine Plus-Aufgabe
mit Zehnerstangen.
Das andere Kind sagt die
Aufgabe und schreibt sie auf.

> 1 Über die Situation sprechen. Mit unterschiedlichen Zahlen nachspielen und die Aufgabe nennen.
> 2–3 Additionsaufgaben mit Zehnerstangen legen, dann Aufgabe notieren und lösen.

1

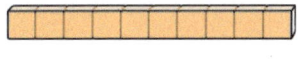

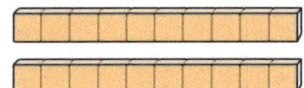

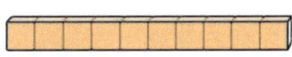

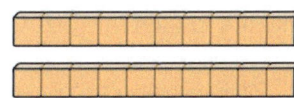

$\underline{1}$ Z + ___ Z = ___ Z

_____ + _____ = _____

$\underline{1}$ Z + ___ Z = ___ Z

_____ + _____ = _____

2

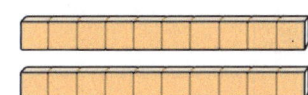

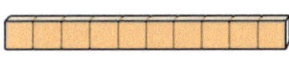

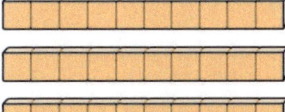

___ Z + ___ Z = ___ Z

_____ + _____ = _____

___ Z + ___ Z = ___ Z

_____ + _____ = _____

3

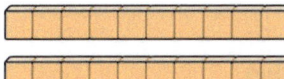

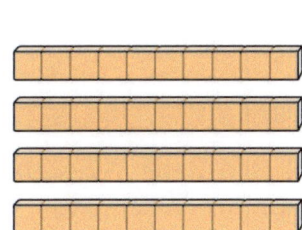

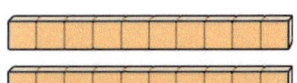

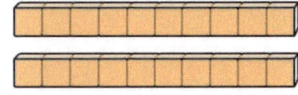

___ Z + ___ Z = ___ Z

_____ + _____ = _____

___ Z + ___ Z = ___ Z

_____ + _____ = _____

4

60 + 10 = _____   40 + 20 = _____   50 + 30 = _____

60 + 20 = _____   40 + 30 = _____   50 + 40 = _____

60 + 30 = _____   40 + 40 = _____   50 + 50 = _____

› **1–3** Additionsaufgaben mit Zehnerstangen legen, dann Aufgabe notieren und lösen.
› **4** Additionsaufgaben lösen. Bei Bedarf mit Zehnerstangen legen.

1

Erst 5 Zehner-Stangen, dann 1 Zehner-Stange weg. Es bleiben 4 Zehner-Stangen übrig.

$$5\,Z - 1\,Z = 4\,Z$$
$$50 - 10 = 40$$

2

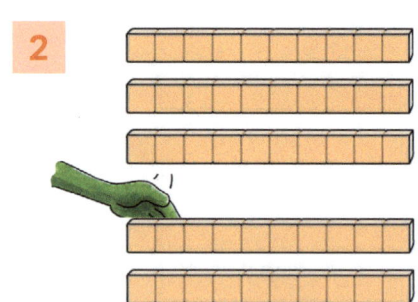

$$5\,Z - 2\,Z = 3\,Z$$
$$\underline{50} - \underline{20} = \underline{}$$

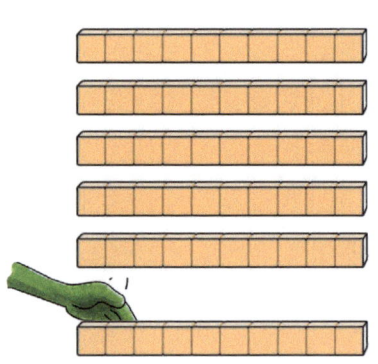

$$6\,Z - 1\,Z = 5\,Z$$
$$\underline{60} - \underline{} = \underline{}$$

3

$$4\,Z - 1\,Z = \underline{}\,Z$$
$$\underline{} - \underline{} = \underline{}$$

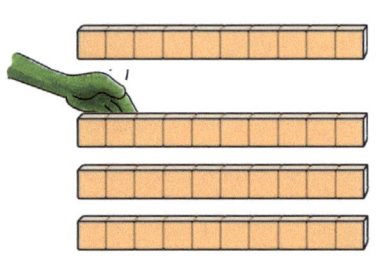

$$4\,Z - 3\,Z = \underline{}\,Z$$
$$\underline{} - \underline{} = \underline{}$$

4 **Zehnerzahlen subtrahieren**

Ein Kind legt eine Minus-Aufgabe mit Zehnerstangen.
Das andere Kind sagt die Aufgabe und schreibt sie auf.

Wie heißt die Aufgabe?

40 – 20 = 20

40 – 20 =

› **1** Über die Situation sprechen. Mit unterschiedlichen Zahlen nachspielen und die Aufgabe nennen.
› **2–3** Subtraktionsaufgaben mit Zehnerstangen legen, dann Aufgabe notieren und lösen.

1

$\underline{3}$ Z – __ Z = __ Z

_____ – _____ = _____

$\underline{3}$ Z – __ Z = __ Z

_____ – _____ = _____

2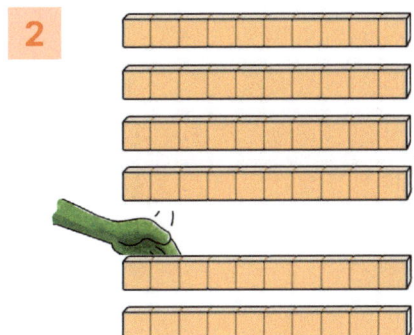

__ Z – __ Z = __ Z

_____ – _____ = _____

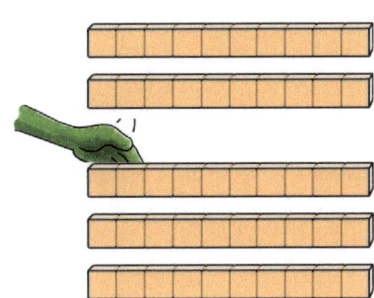

__ Z – __ Z = __ Z

_____ – _____ = _____

3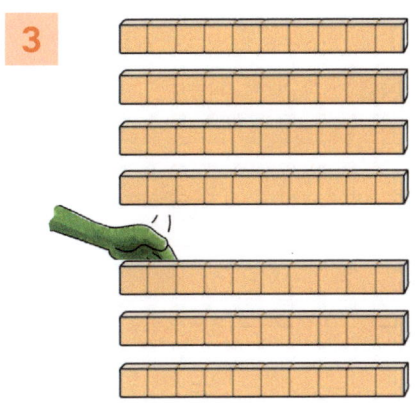

__ Z – __ Z = __ Z

_____ – _____ = _____

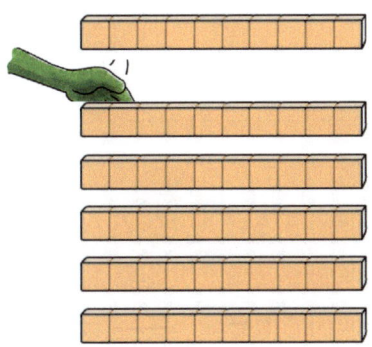

__ Z – __ Z = __ Z

_____ – _____ = _____

4

40 – 10 = _____	60 – 20 = _____	70 – 40 = _____
40 – 20 = _____	60 – 30 = _____	70 – 50 = _____
40 – 30 = _____	60 – 40 = _____	70 – 60 = _____

› **1 – 3** Subtraktionsaufgaben mit Zehnerstangen legen, dann Aufgabe notieren und lösen.
› **4** Subtraktionsaufgaben lösen. Bei Bedarf mit Zehnerstangen legen.

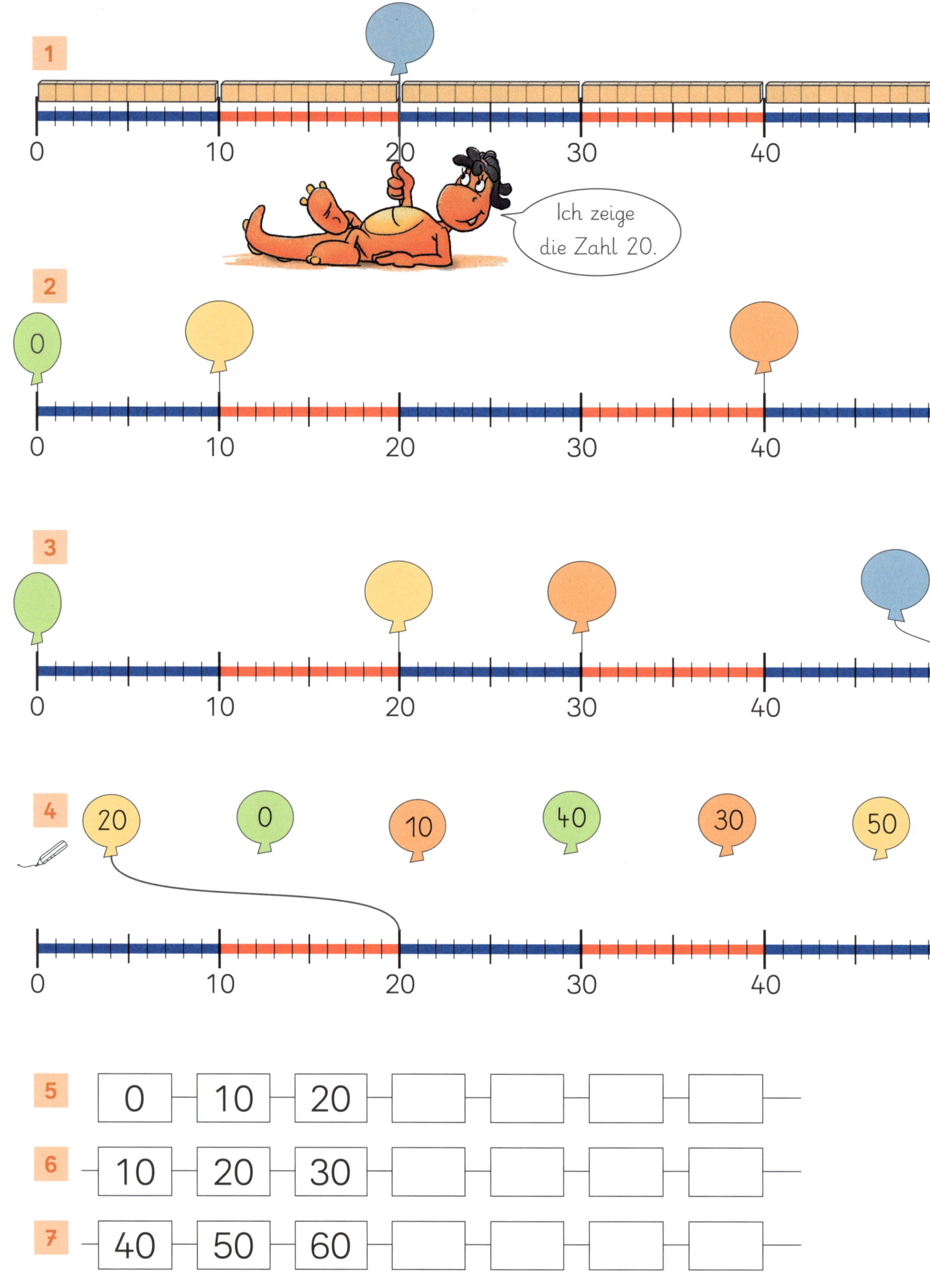

1

0   10   20   30   40

Ich zeige die Zahl 20.

2

0   10   20   30   40

3

0   10   20   30   40

4

20   0   10   40   30   50

0   10   20   30   40

5 | 0 | 10 | 20 | | | | |

6 | 10 | 20 | 30 | | | | |

7 | 40 | 50 | 60 | | | | |

› **2–3** Zehnerzahlen in Ballons eintragen.   **4** Zehnerzahlen der Position am Zahlenstrahl zuordnen.
› **5–7** Zahlenfolge ergänzen. Das Zählen in 10er-Schritten gesondert üben.

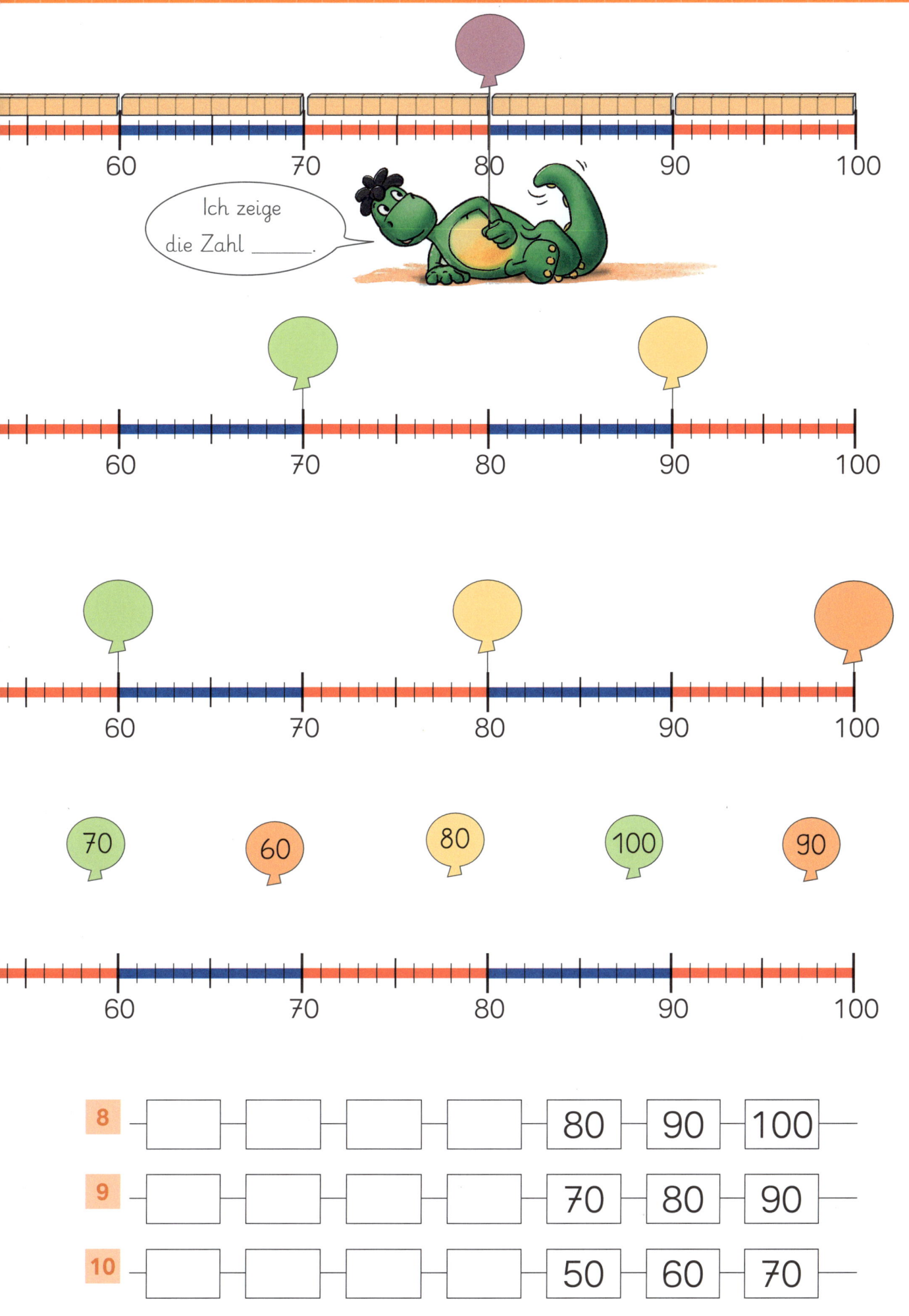

Ich zeige die Zahl _____.

8					80	90	100
9					70	80	90
10					50	60	70

› **8 – 10** Zahlenfolge ergänzen. Das Rückwärtszählen in 10er-Schritten gesondert üben.

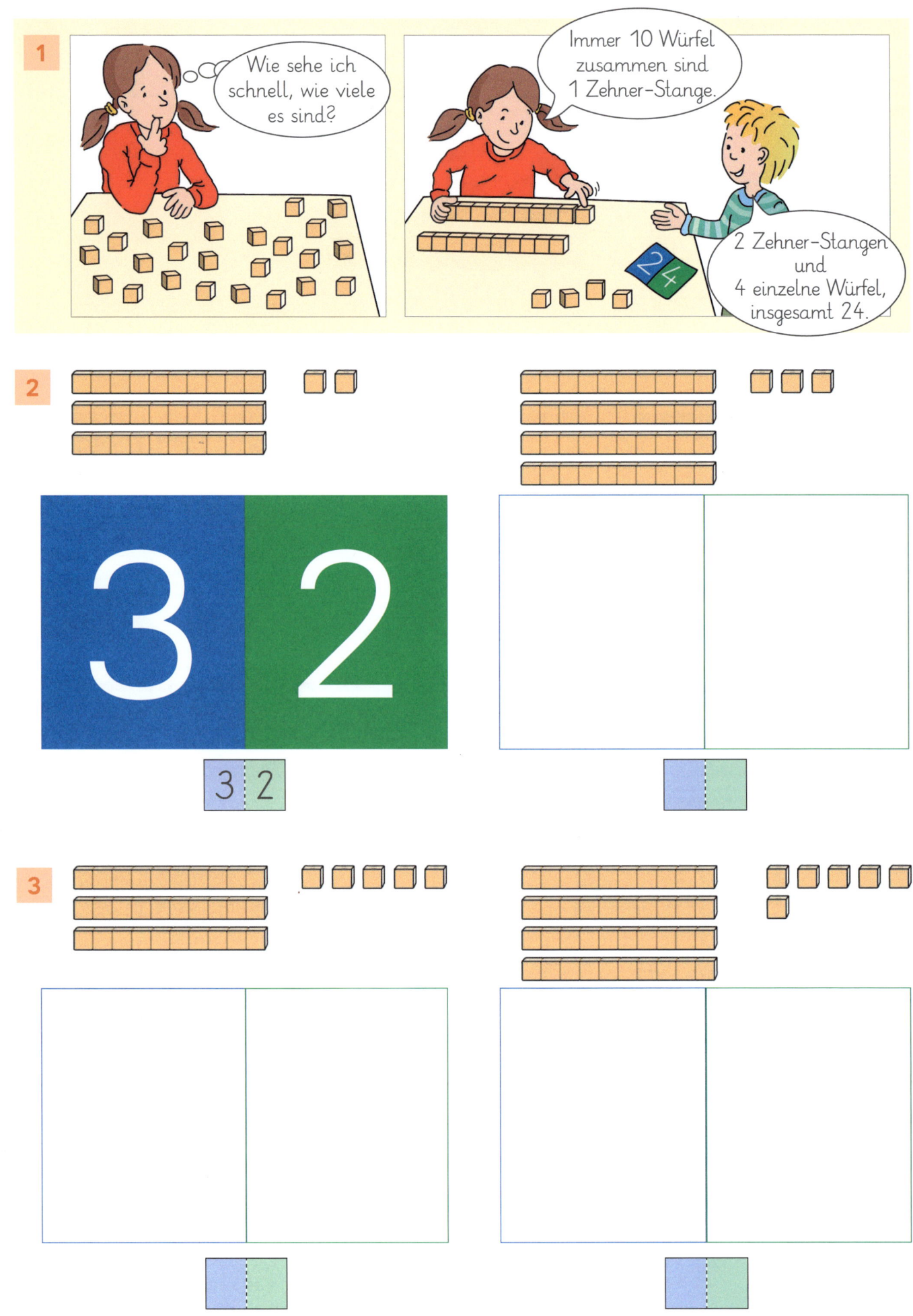

› **1** Über die Situation sprechen und mit Einerwürfeln nachspielen.
› **2–3** Zehner- und Einerkarten der Beilage direkt unter die Zahldarstellung legen, dann Zehner und Einer in die darunterliegenden Felder übertragen.

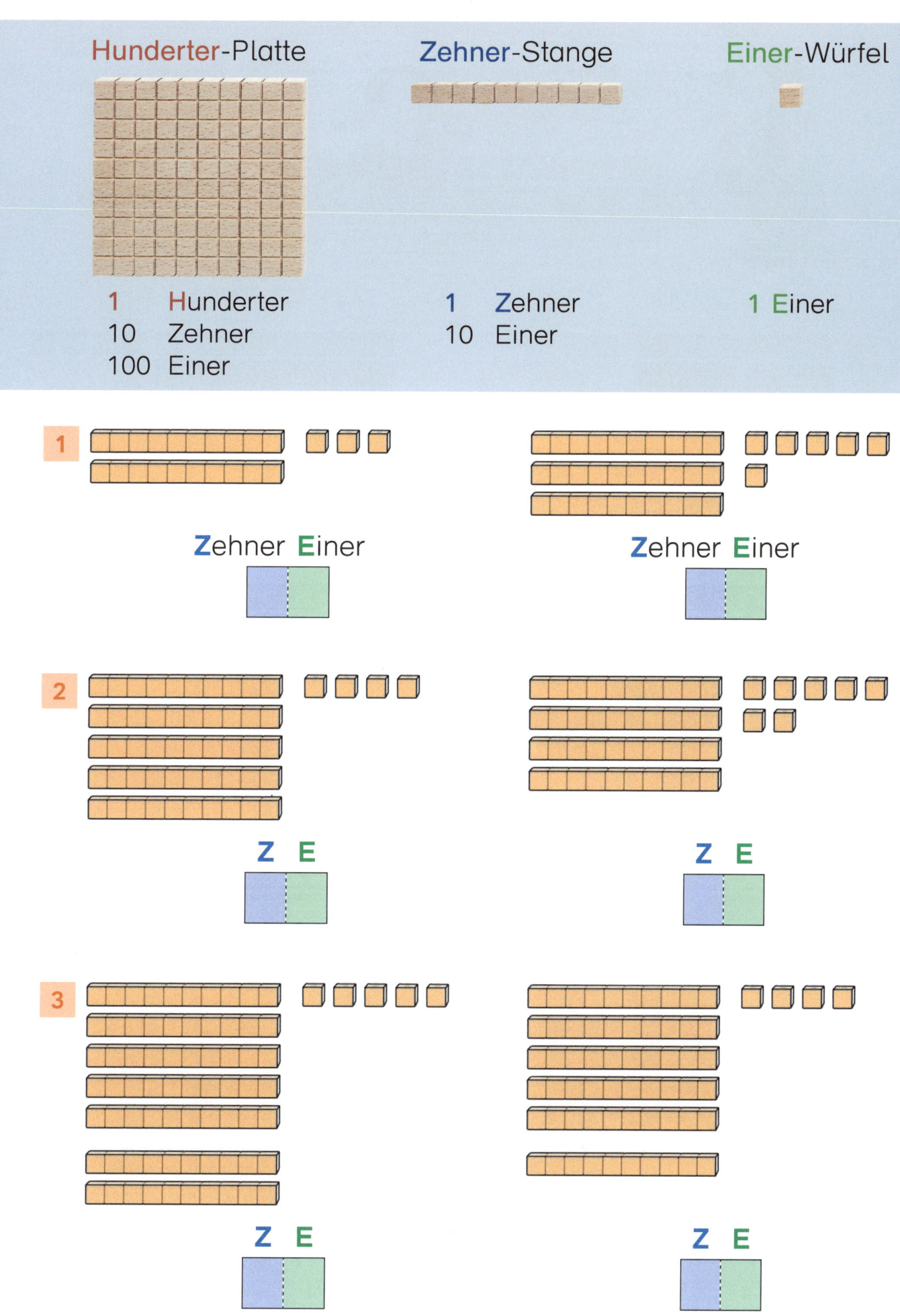

Hunderter-Platte

1 Hunderter
10 Zehner
100 Einer

Zehner-Stange

1 Zehner
10 Einer

Einer-Würfel

1 Einer

1

Zehner Einer

Zehner Einer

2

Z E

Z E

3

Z E

Z E

› 1–3 Zuerst mit Zahlenkarten legen, dann Zehner und Einer eintragen.

1

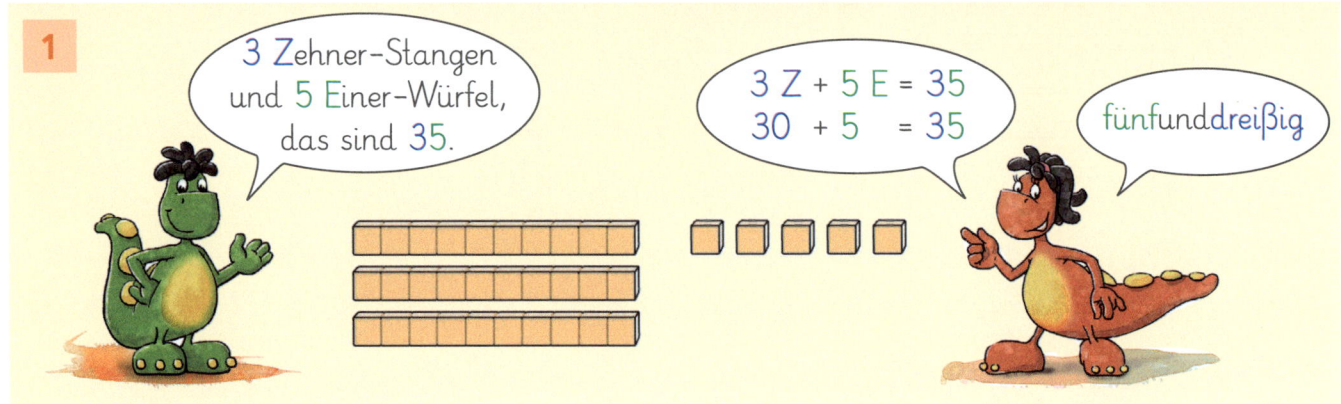

2

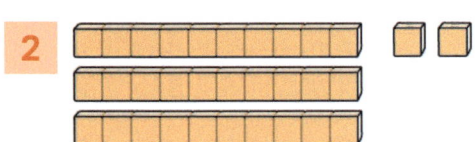   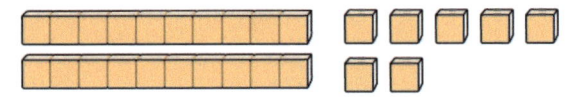

$\underline{3}$ Z + $\underline{2}$ E = _____   __ Z + __ E = _____

$\underline{30}$ + $\underline{2}$ = _____   ____ + __ = _____

3

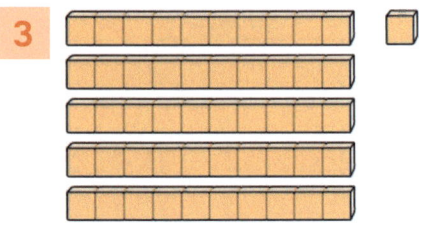   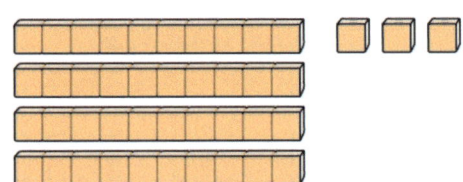

__ Z + __ E = _____   __ Z + __ E = _____

____ + __ = _____   ____ + __ = _____

4

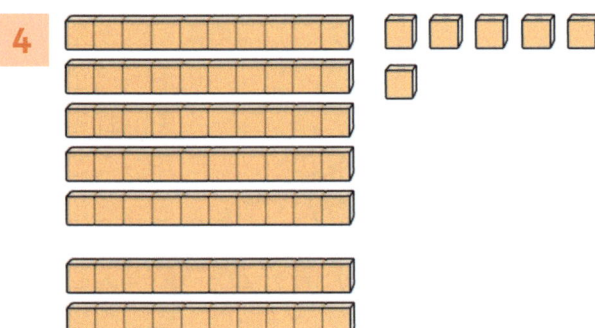   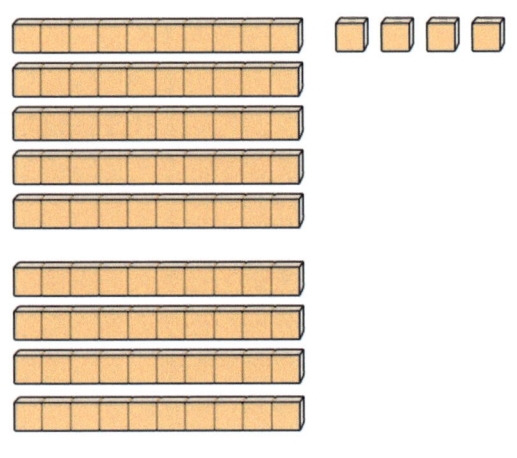

__ Z + __ E = _____   __ Z + __ E = _____

____ + __ = _____   ____ + __ = _____

› 1 Über die Situation sprechen und die verschiedenen Schreibweisen gemeinsam betrachten. Ggf. auf die Sprechweise gesondert eingehen.
› 2–4 Zuerst Zehner und Einer eintragen, dann die Zerlegungsaufgabe (Zehner- und Einerzahl) schreiben und lösen.

1

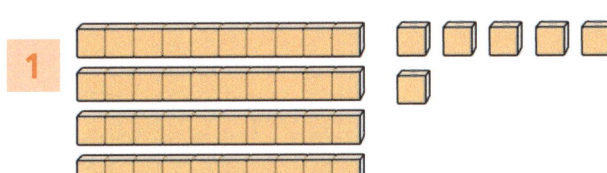

__ Z + __ E = _____

_____ + __ = _____

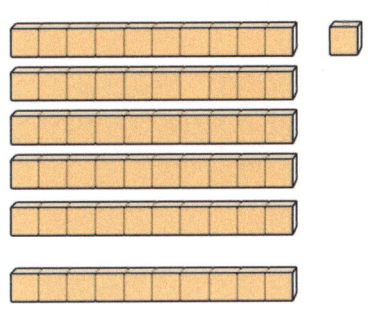

__ Z + __ E = _____

_____ + __ = _____

2

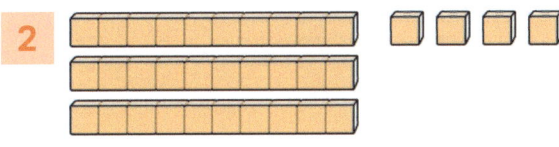

__ Z + __ E = _____

_____ + __ = _____

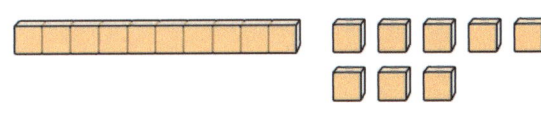

__ Z + __ E = _____

_____ + __ = _____

3

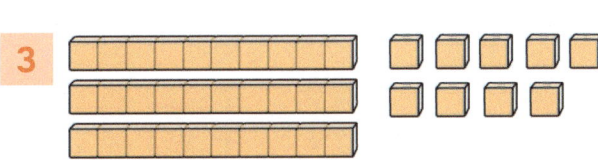

__ Z + __ E = _____

_____ + __ = _____

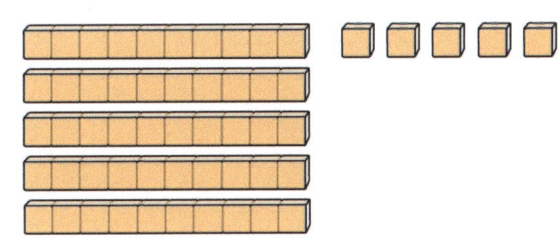

__ Z + __ E = _____

_____ + __ = _____

4

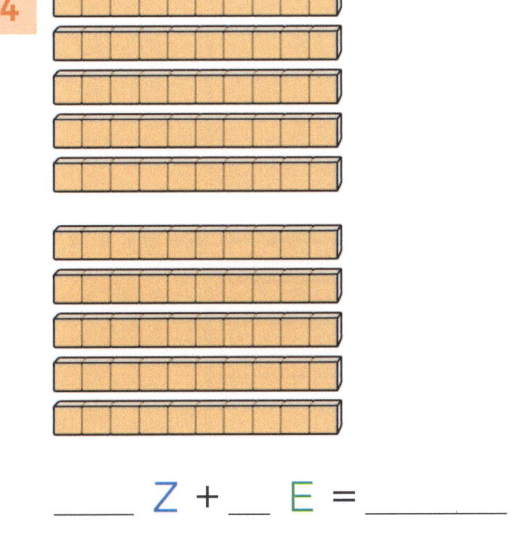

____ Z + __ E = _____

_____ + __ = _____

› 1–4 Zuerst Zehner und Einer eintragen, dann die Zerlegungsaufgabe (Zehner- und Einerzahl) schreiben und lösen.

Geheimschrift lesen

1

Für jede Zehnerstange zeichne ich einen Strich. Für jeden Einerwürfel einen Punkt.

$\underline{3}$ Z + $\underline{2}$ E = $\underline{32}$

$\underline{30}$ + $\underline{2}$ = $\underline{}$

2

__ Z + __ E = ____

____ + __ = ____

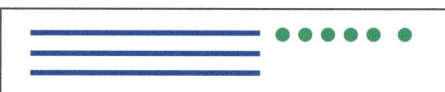

__ Z + __ E = ____

____ + __ = ____

3

__ Z + __ E = ____

____ + __ = ____

__ Z + __ E = ____

____ + __ = ____

4

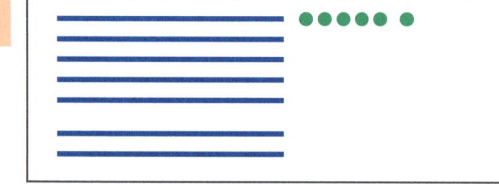

__ Z + __ E = ____

____ + __ = ____

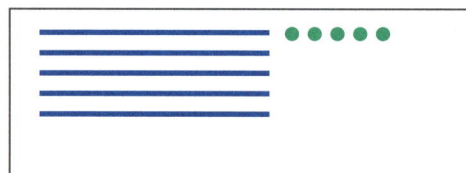

__ Z + __ E = ____

____ + __ = ____

5

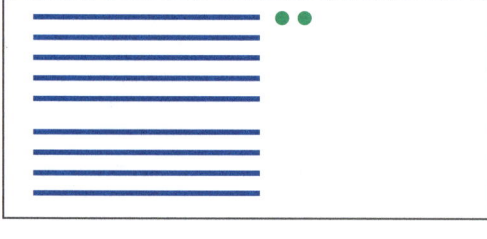

__ Z + __ E = ____

____ + __ = ____

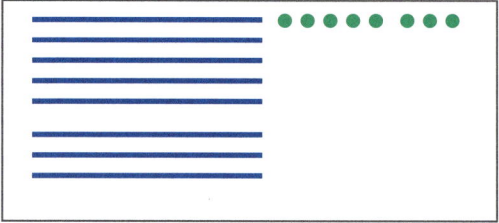

__ Z + __ E = ____

____ + __ = ____

18

› **1** Darstellung der Zehnersystemblöcke mit der Geheimschrift vergleichen.
› **2–5** Zuerst Zehner und Einer eintragen, dann die Zerlegungsaufgabe (Zehner- und Einerzahl) schreiben und lösen.

1

5 Z + 3 E = _____

50 + 3 = _____

4 Z + 6 E = _____

_____ + __ = _____

2

7 Z + 5 E = _____

_____ + __ = _____

6 Z + 4 E = _____

_____ + __ = _____

3

8 Z + 2 E = _____

_____ + __ = _____

9 Z + 1 E = _____

_____ + __ = _____

› **1–3** Geheimschrift zeichnen und die Zerlegungsaufgabe (Zehner- und Einerzahl) schreiben und lösen.

1

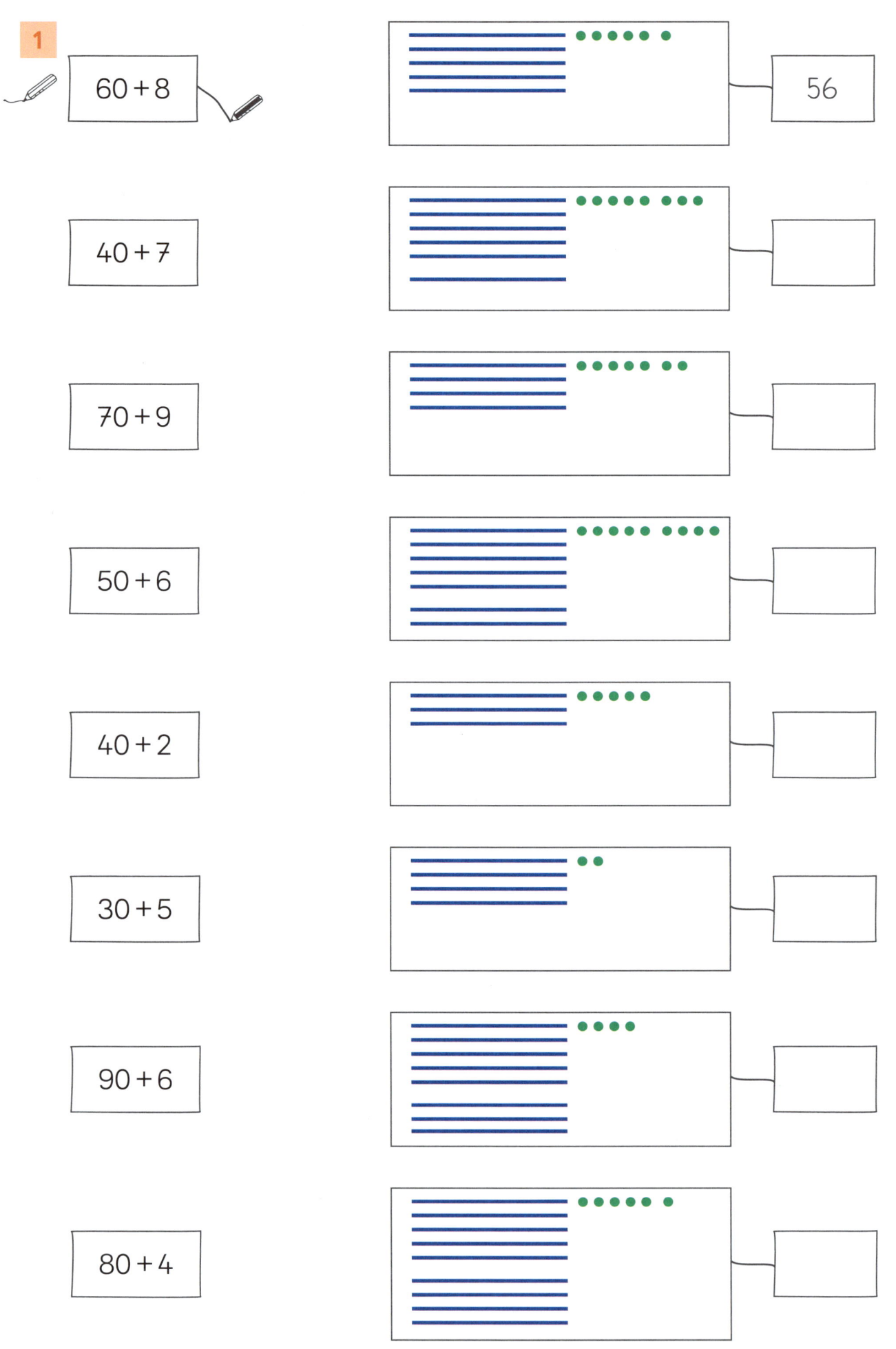

Aufgabe		Zahl
60 + 8		56
40 + 7		
70 + 9		
50 + 6		
40 + 2		
30 + 5		
90 + 6		
80 + 4		

› **1** Zerlegungsaufgabe mit der passenden Geheimschrift-Darstellung verbinden, dann die richtige Zahl notieren.

1

20 + 4		32
40 + 5		24
30 + 2		57
50 + 7		45
40 + 3		23
30 + 4		51
20 + 3		43
50 + 1		34

› **1** Zur Zerlegungsaufgabe die passende Geheimschrift-Darstellung zeichnen, dann mit der richtigen Zahl verbinden.

1
5 + 2 = _____   12 + 1 = _____   14 + 5 = _____

15 + 4 = _____   2 + 5 = _____   1 + 7 = _____

17 + 1 = _____   11 + 6 = _____   11 + 9 = _____

Rechne in Schritten:
Erst bis 10,
dann weiter.

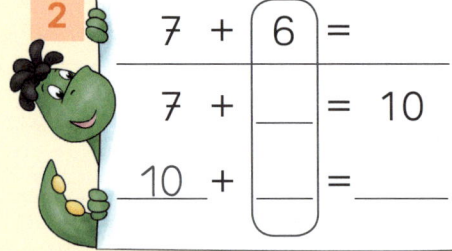

2

7 + 6 =
7 + ___ = 10
10 + ___ = _____

7 + 8 =
7 + ___ = 10
___ + ___ = _____

7 + 9 =
7 + ___ = 10
___ + ___ = _____

3

8 + 6 =
___ + ___ = ___
___ + ___ = ___

9 + 8 =
___ + ___ = ___
___ + ___ = ___

8 + 4 =
___ + ___ = ___
___ + ___ = ___

4
4 + 7 = _____   5 + 6 = _____   9 + 5 = _____

8 + 7 = _____   9 + 6 = _____   6 + 5 = _____

6 + 7 = _____   7 + 6 = _____   8 + 5 = _____

5
6 + 9 = _____   7 + 5 = _____   5 + 8 = _____

5 + 7 = _____   9 + 4 = _____   9 + 7 = _____

4 + 8 = _____   9 + 3 = _____   8 + 9 = _____

6
6 + 6 = _____   7 + 7 = _____   8 + 8 = _____

5 + 5 = _____   9 + 9 = _____   10 + 10 = _____

› 4–5 Additionsaufgaben mit Übergang im Kopf lösen. Bei Bedarf die Zwischenschritte im Heft oder auf einem zusätzlichen Blatt notieren.

1

7 − 3 = _____   15 − 3 = _____   10 − 6 = _____

20 − 4 = _____   13 − 2 = _____   18 − 4 = _____

6 − 5 = _____   4 − 4 = _____   17 − 7 = _____

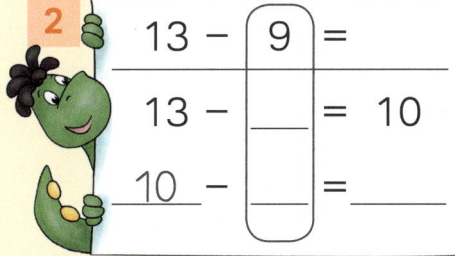

Rechne in Schritten:
Erst bis 10,
dann weiter.

2

13 − 9 = _____
13 − ☐ = 10
10 − ☐ = _____

13 − 7 = _____
13 − ☐ = 10
_____ − ☐ = _____

13 − 5 = _____
13 − ☐ = 10
_____ − ☐ = _____

3

14 − 8 = _____
_____ − ☐ = _____
_____ − ☐ = _____

15 − 6 = _____
_____ − ☐ = _____
_____ − ☐ = _____

17 − 9 = _____
_____ − ☐ = _____
_____ − ☐ = _____

4

16 − 7 = _____   11 − 6 = _____   14 − 5 = _____

15 − 7 = _____   14 − 6 = _____   11 − 5 = _____

12 − 7 = _____   13 − 6 = _____   12 − 5 = _____

5

16 − 9 = _____   11 − 4 = _____   15 − 8 = _____

12 − 4 = _____   12 − 9 = _____   14 − 9 = _____

17 − 8 = _____   13 − 8 = _____   11 − 7 = _____

6

10 − 5 = _____   18 − 9 = _____   20 − 10 = _____

14 − 7 = _____   12 − 6 = _____   16 − 8 = _____

› 4–5 Subtraktionsaufgaben mit Übergang im Kopf lösen. Bei Bedarf die Zwischenschritte im Heft oder auf einem zusätzlichen Blatt notieren.

Zahlen bis 100 am Zahlenstrahl

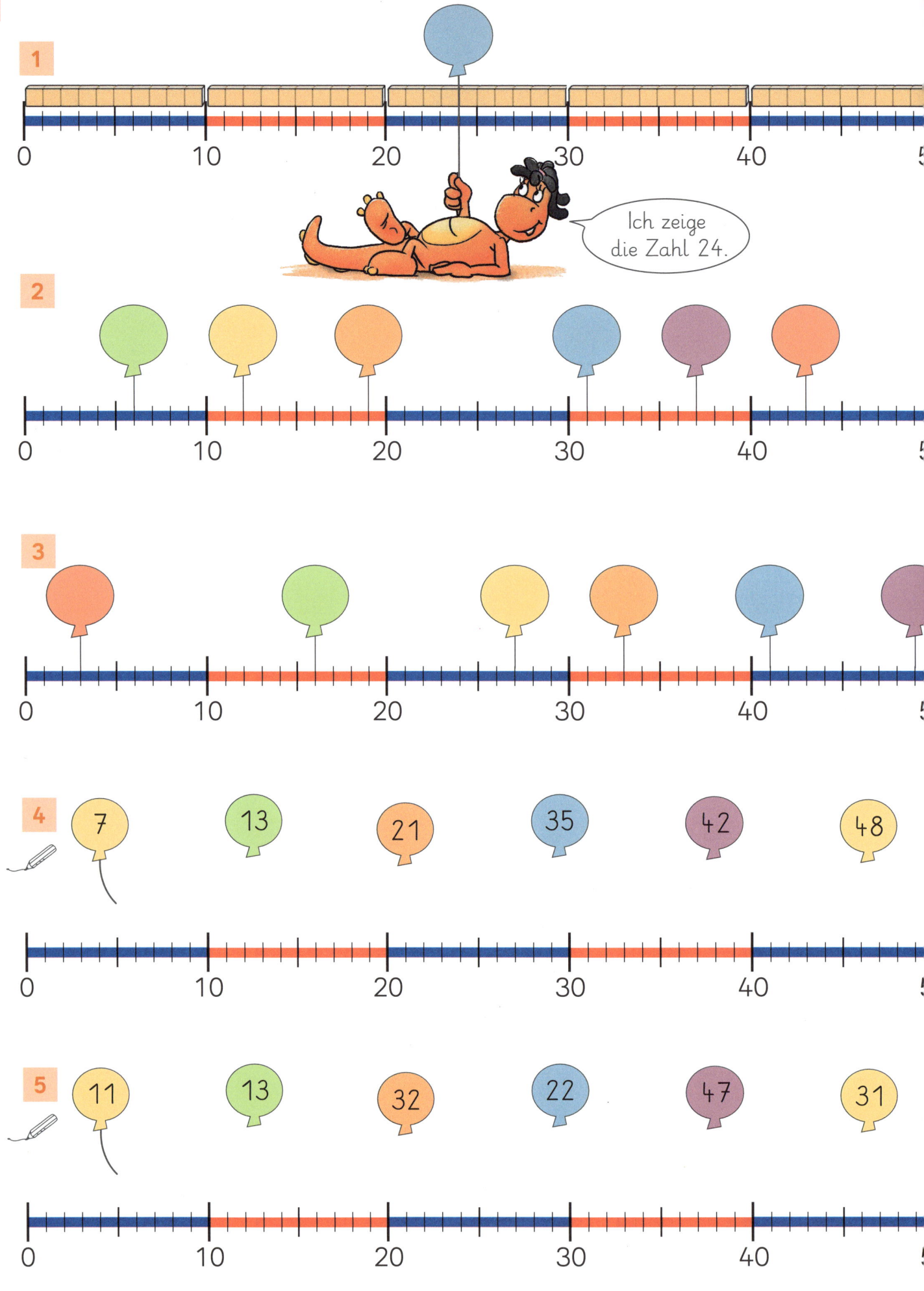

Ich zeige die Zahl 24.

› 2–3 Zahlen in Ballons eintragen.
› 4–5 Zahlen der Position am Zahlenstrahl zuordnen.

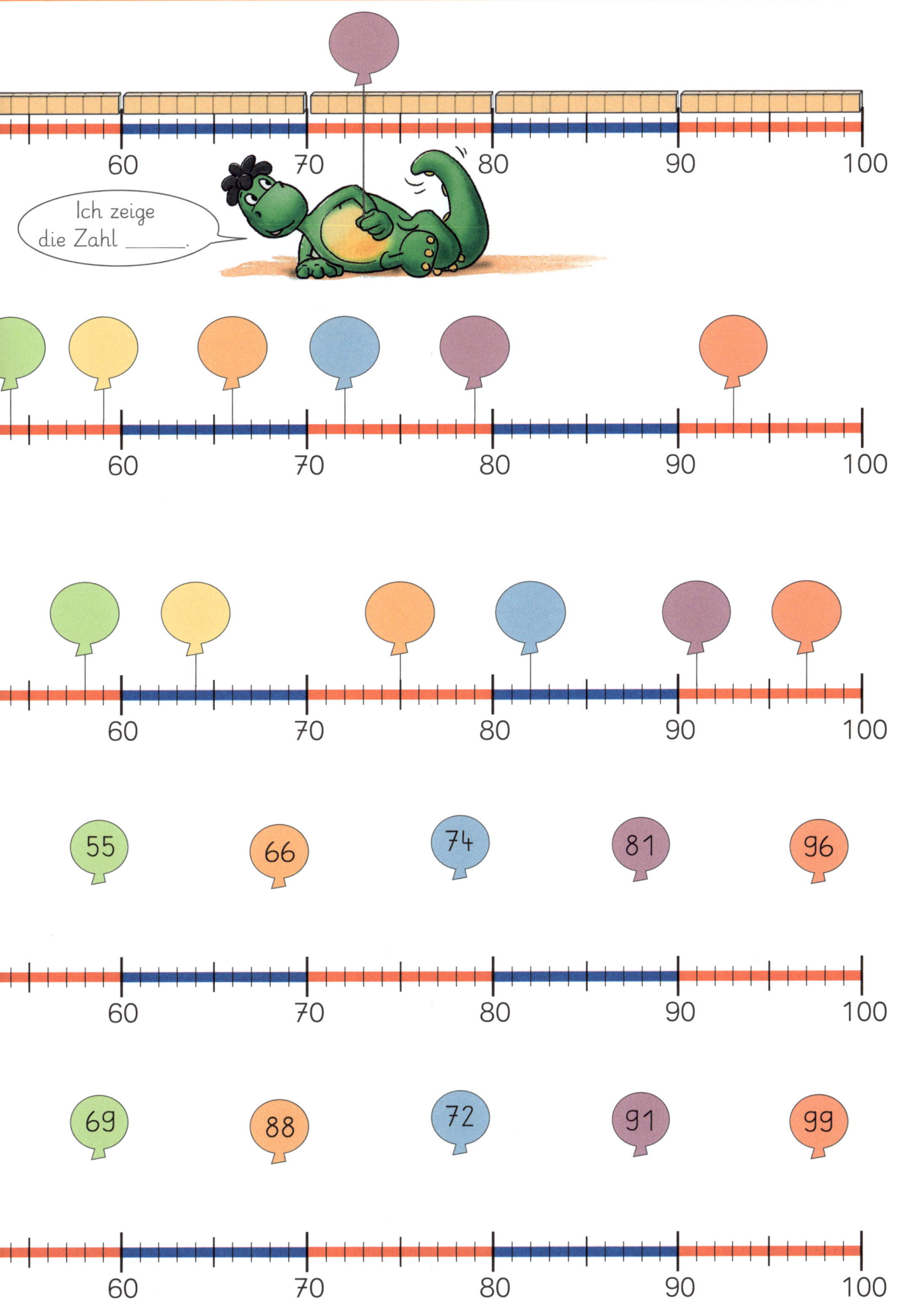

Ich zeige die Zahl _____.

› **2–3** Zahlen in Ballons eintragen.
› **4–5** Zahlen der Position am Zahlenstrahl zuordnen.

25

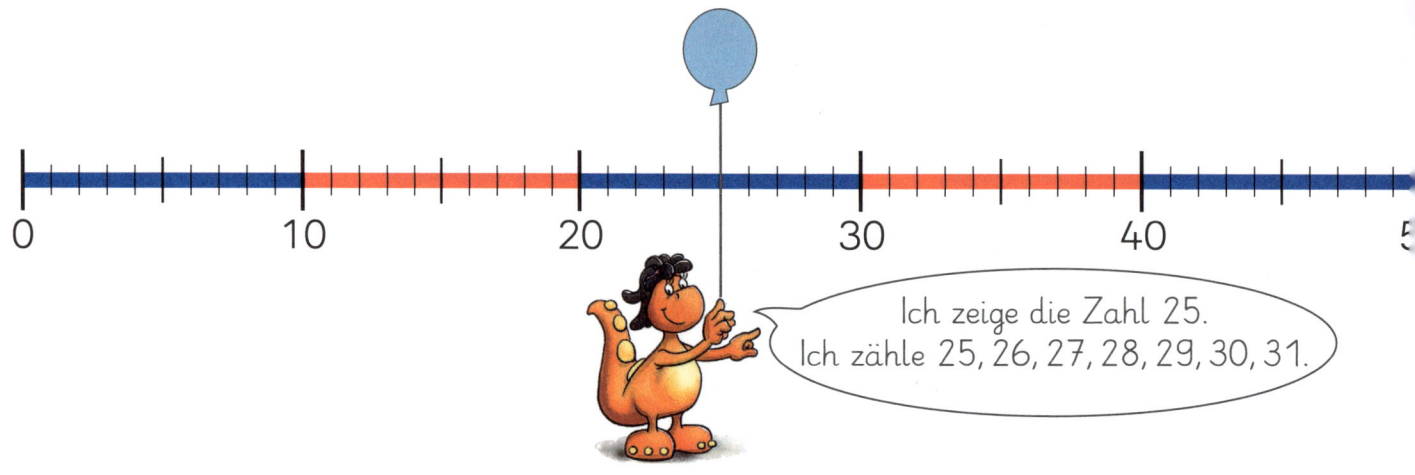

Ich zeige die Zahl 25.
Ich zähle 25, 26, 27, 28, 29, 30, 31.

1 Zeige die Zahl. Dann zähle vorwärts.

25	26	27				

2

42	43	44				

3

34	35					

4

27	28					

5

18	19					

6 Zeige die Zahl. Dann zähle rückwärts.

				23	24	25

7

				35	36	37

8

					45	46

› **1–5** Die Startzahl am Zahlenstrahl zeigen und von dort weiterzählen. Zahlen notieren.
› **6–8** Die Startzahl am Zahlenstrahl zeigen und von dort rückwärts zählen. Zahlen notieren.

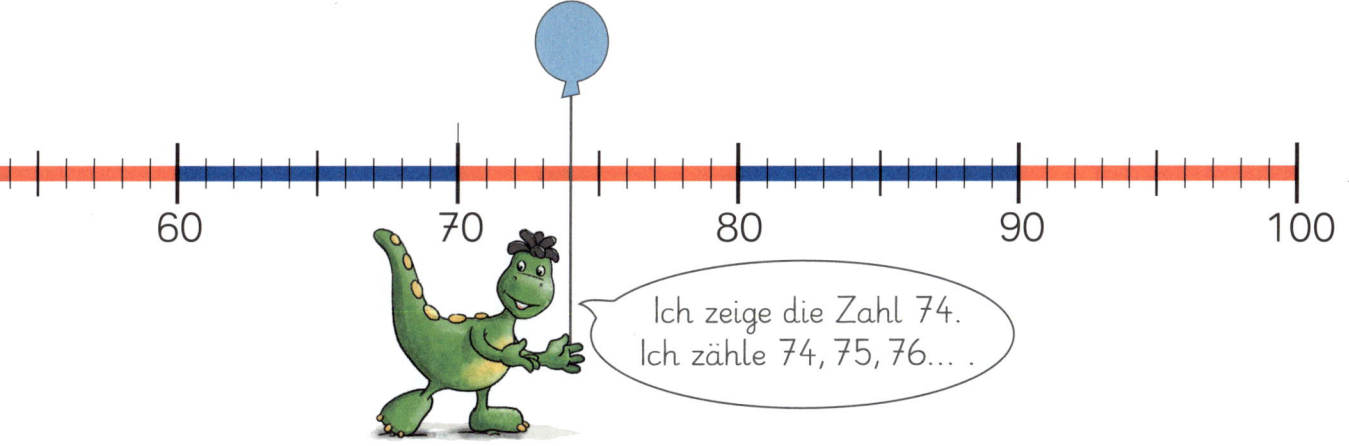

> Ich zeige die Zahl 74.
> Ich zähle 74, 75, 76... .

1 Zeige die Zahl. Dann zähle vorwärts.

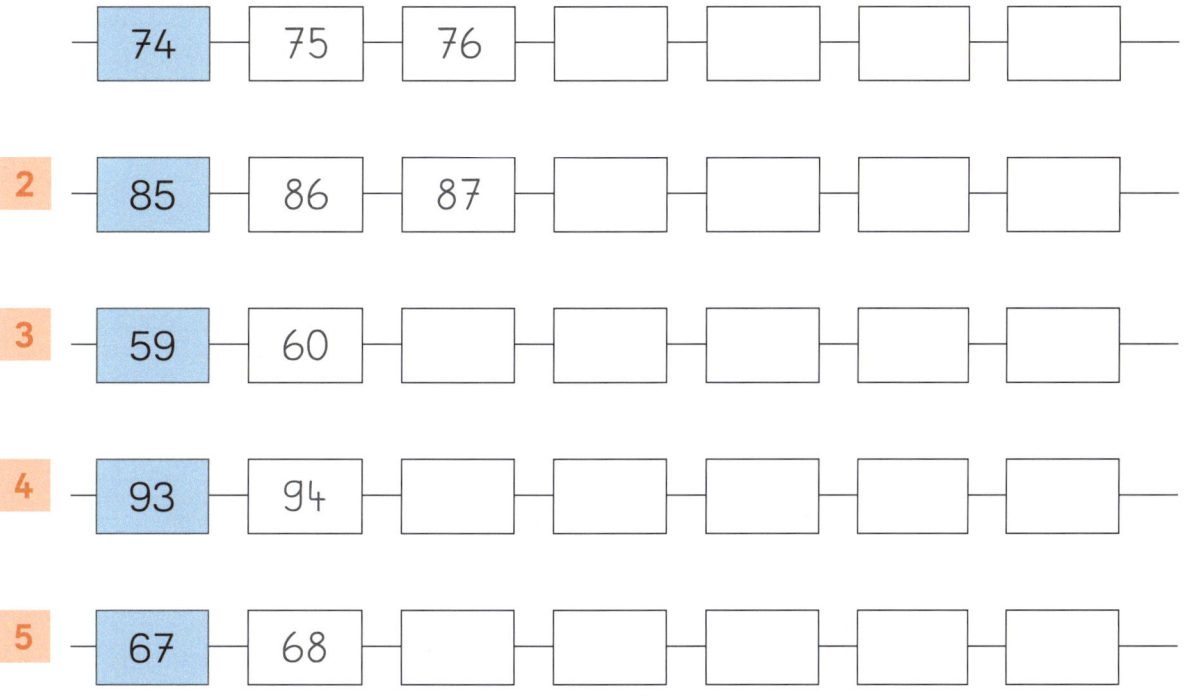

1. | 74 | 75 | 76 | | | | |

2. | 85 | 86 | 87 | | | | |

3. | 59 | 60 | | | | | |

4. | 93 | 94 | | | | | |

5. | 67 | 68 | | | | | |

6 Zeige die Zahl. Dann zähle rückwärts.

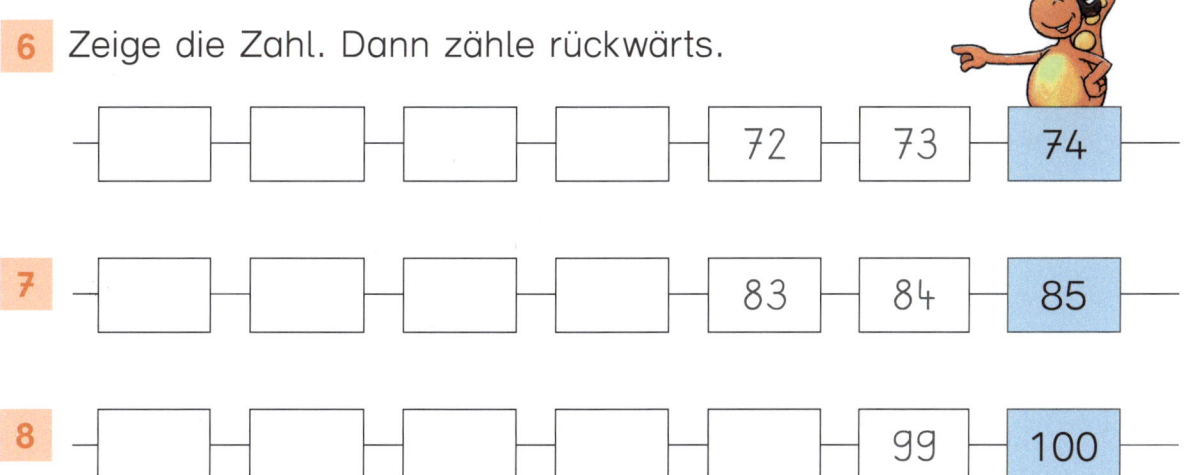

6. | | | | | 72 | 73 | 74 |

7. | | | | | 83 | 84 | 85 |

8. | | | | | | 99 | 100 |

› **1 – 5** Die Startzahl am Zahlenstrahl zeigen und von dort weiterzählen. Zahlen notieren.
› **6 – 8** Die Startzahl am Zahlenstrahl zeigen und von dort rückwärts zählen. Zahlen notieren.

27

Vorgänger und Nachfolger

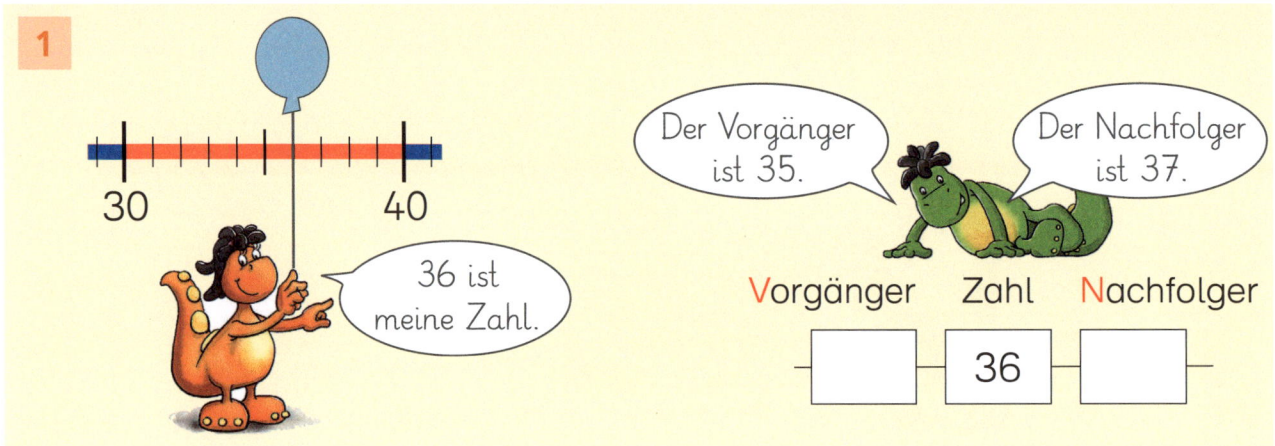

1

Der Vorgänger ist 35.
Der Nachfolger ist 37.
36 ist meine Zahl.

Vorgänger	Zahl	Nachfolger
	36	

2

Vorgänger	Zahl	Nachfolger
	33	
	31	

Vorgänger	Zahl	Nachfolger
	37	
	39	

3

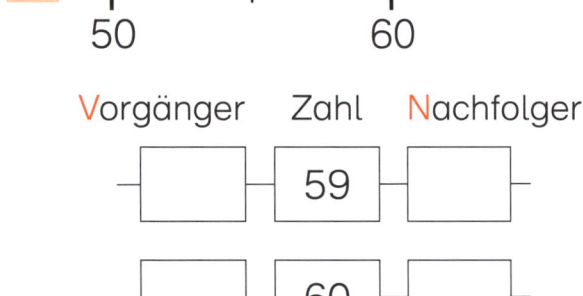
50   60

Vorgänger	Zahl	Nachfolger
	59	
	60	

Vorgänger	Zahl	Nachfolger
	53	
	50	

4

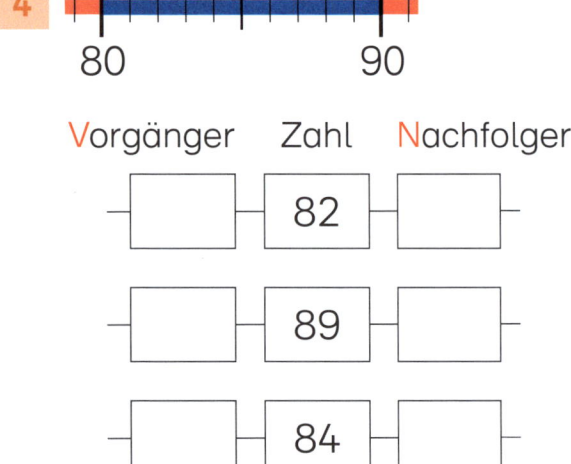
80   90

Vorgänger	Zahl	Nachfolger
	82	
	89	
	84	

Vorgänger	Zahl	Nachfolger
	85	
	90	
	87	

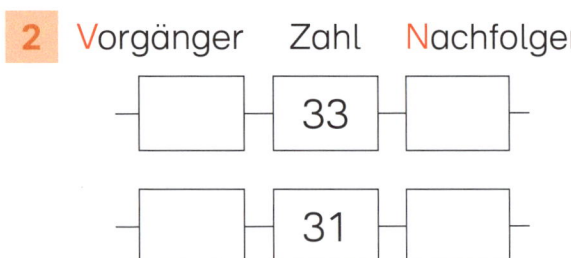
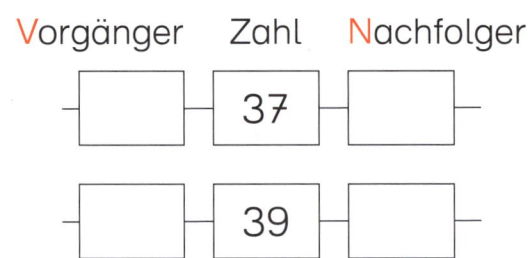
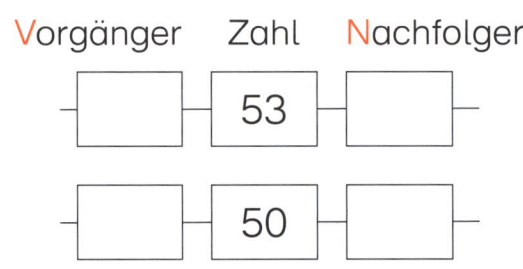
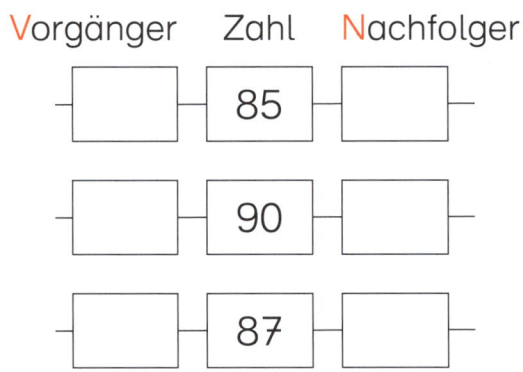

› 2–4 Die Zahl am Zahlenstrahl-Ausschnitt zeigen und Vorgänger und Nachfolger bestimmen. Auf die richtige Verwendung der Begriffe achten.

1 Der Vorgänger ist 74, der Nachfolger ist 76.

V	Zahl	N
	75	

V	Zahl	N
	71	

V	Zahl	N
	78	

2

V	Zahl	N
	62	
	68	

V	Zahl	N
	45	
	49	

V	Zahl	N
	93	
	99	

3

V	Zahl	N
	54	
	64	
	74	

V	Zahl	N
	21	
	41	
	91	

Die Einer sind …

V	Zahl	N
	26	
	16	
	76	

V	Zahl	N
	79	
	19	
	39	

V	Zahl	N
	80	
	20	
	40	

4

V	Zahl	N
	24	
	81	
	66	

V	Zahl	N
	69	
	57	
	30	

V	Zahl	N
	70	
	55	
	29	

› **1–4** Ggf. die neue Darstellung (Tabelle) und die Abkürzungen der Begriffe gemeinsam besprechen. Dann Vorgänger und Nachfolger bestimmen.
› **3** Gemeinsam überlegen: Wie geht Zahlines Satz weiter? Ggf. die Regel für die nächsten Tabellen nutzen.

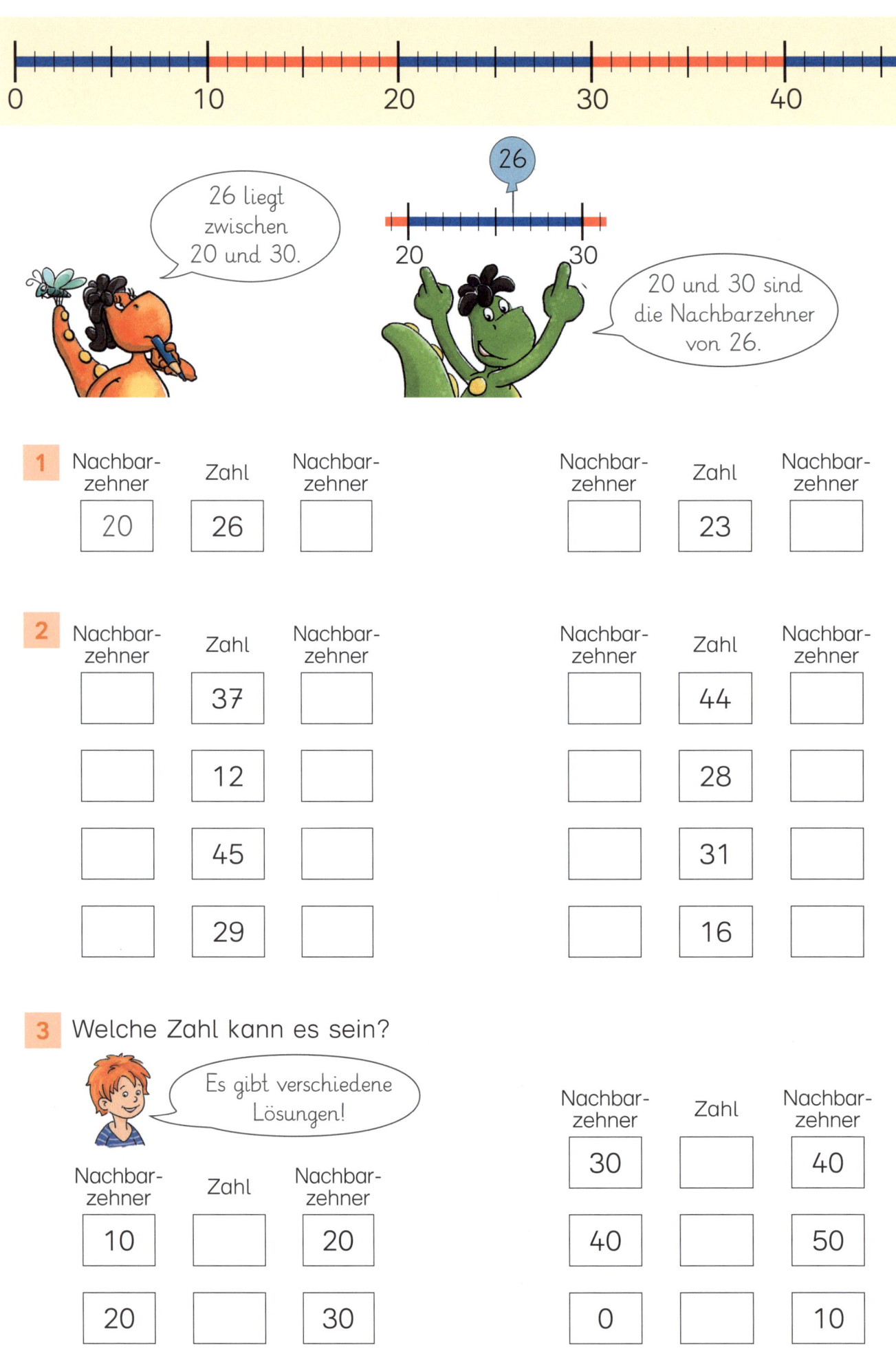

26 liegt zwischen 20 und 30.

26

20 und 30 sind die Nachbarzehner von 26.

1

Nachbar-zehner	Zahl	Nachbar-zehner
20	26	

Nachbar-zehner	Zahl	Nachbar-zehner
	23	

2

Nachbar-zehner	Zahl	Nachbar-zehner
	37	
	12	
	45	
	29	

Nachbar-zehner	Zahl	Nachbar-zehner
	44	
	28	
	31	
	16	

3 Welche Zahl kann es sein?

Es gibt verschiedene Lösungen!

Nachbar-zehner	Zahl	Nachbar-zehner
10		20
20		30

Nachbar-zehner	Zahl	Nachbar-zehner
30		40
40		50
0		10

› **1 – 2** Die Zahl am Zahlenstrahl zeigen und die beiden Nachbarzehner bestimmen.
› **3** Nachbarzehner am Zahlenstrahl zeigen und eine passende Zahl auswählen. Besprechen, dass es mehrere richtige Lösungen gibt.

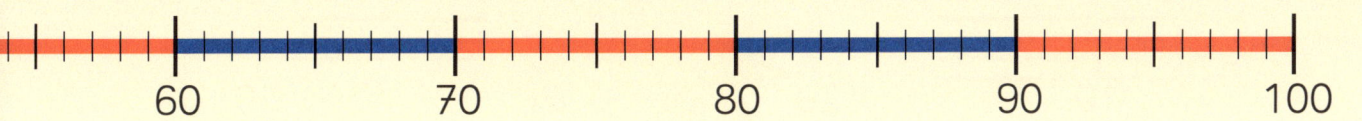

1

Nachbar-zehner	Zahl	Nachbar-zehner
	64	
	93	
	75	
	84	

Nachbar-zehner	Zahl	Nachbar-zehner
	88	
	52	
	98	
	69	

2 Welche Zahl kann es sein?

Es gibt verschiedene Lösungen!

Nachbar-zehner	Zahl	Nachbar-zehner
80		90
50		60

Nachbar-zehner	Zahl	Nachbar-zehner
60		70
70		80
90		100

3 Zahlenstrahl-Lauf

Stelle dich an die 0.
Ein anderes Kind nennt eine Zahl.
Gehe zu der Stelle, an der
die Zahl ungefähr ist.
Das andere Kind legt
die Nachbarzehner.

Prüft gemeinsam, ob du
ungefähr richtig stehst.

> **2** Nachbarzehner am Zahlenstrahl zeigen und eine passende Zahl auswählen. Ggf. daran erinnern, dass es mehrere richtige Lösungen gibt.
> **3** Mit einem Seil und Zehnerkarten einen Zahlenstrahl andeuten. Die Anzahl der bereits positionierten Zehner kann variiert werden.

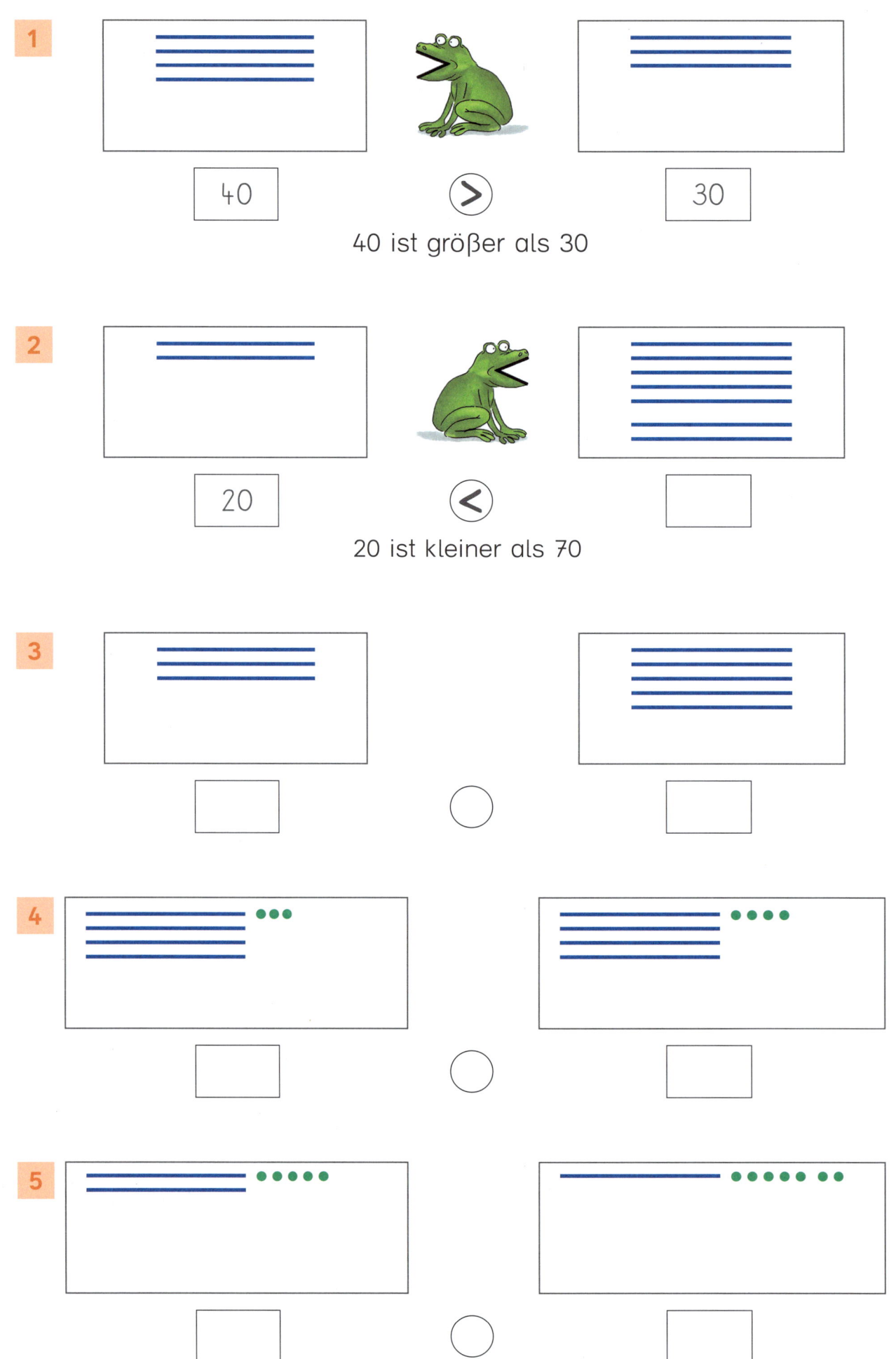

1

| | |
| 40 | > | 30 |

40 ist größer als 30

2

20 <

20 ist kleiner als 70

3

4

5

› **1–5** Zahlen in Geheimschrift erkennen und notieren. Dann das richtige Relationszeichen einsetzen und dazu sprechen.

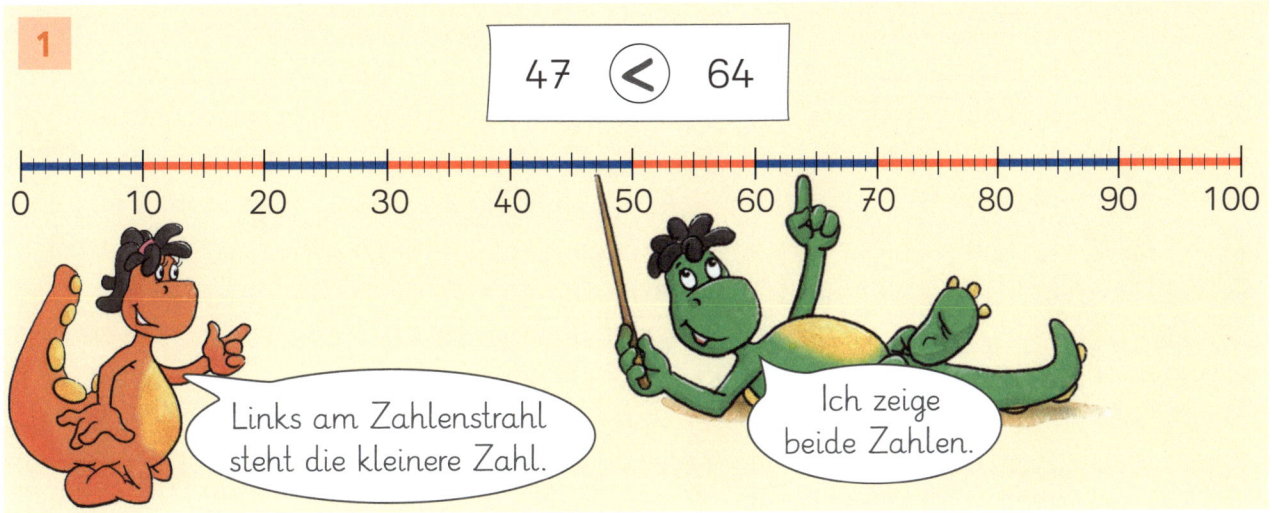

1

$$47 < 64$$

2

47 > 21	91 ◯ 56	34 ◯ 42
47 ◯ 83	11 ◯ 56	34 ◯ 13
47 ◯ 79	32 ◯ 56	98 ◯ 34
47 ◯ 33	65 ◯ 56	22 ◯ 34

3

50 ◯ 58	20 ◯ 16	30 ◯ 23
79 ◯ 73	88 ◯ 91	70 ◯ 65
91 ◯ 99	35 ◯ 29	63 ◯ 66
66 ◯ 62	62 ◯ 58	84 ◯ 89

4

95 ◯ 92	19 ◯ 91	23 ◯ 32
54 ◯ 45	11 ◯ 9	60 ◯ 6
11 ◯ 12	73 ◯ 72	49 ◯ 94
75 ◯ 57	28 ◯ 82	0 ◯ 70

› 2–4 Beide Zahlen am Zahlenstrahl zeigen, dabei zeigt die linke Hand immer die kleinere Zahl. Das richtige Relationszeichen einsetzen.

In einer **Zeile** stehen die Zahlen nebeneinander.

Hundertertafel

1	2	3	4	5	6	7	8	9	10
11	12	13	14	15	16	17	18	19	20
21	22	23	24	25	26	27	28	29	30
31	32	33	34	35	36	37	38	39	40
41	42	43	44	45	46	47	48	49	50
51	52	53	54	55	56	57	58	59	60
61	62	63	64	65	66	67	68	69	70
71	72	73	74	75	76	77	78	79	80
81	82	83	84	85	86	87	88	89	90
91	92	93	94	95	96	97	98	99	**100**

In einer **Spalte** stehen die Zahlen untereinander.

3
13
23
33
43
53
63
73
83
93

21	22	23	24	25	26	27	28	29	30

---

1 Male die **Zeilen**, in denen diese Zahlen stehen, blau an:

a) 31 32 33 34 35 36 37 38 39 40

b) 81 82 83 84 85 86 87 88 89 90

c) 51 ... d) 91 ...

1	2	3	4	5	6	7	8	9	10
11	12	13	14	15	16	17	18	19	20
21	22	23	24	25	26	27	28	29	30
31	32	33	34	35	36	37	38	39	40
41	42	43	44	45	46	47	48	49	50
51	52	53	54	55	56	57	58	59	60
61	62	63	64	65	66	67	68	69	70
71	72	73	74	75	76	77	78	79	80
81	82	83	84	85	86	87	88	89	90
91	92	93	94	95	96	97	98	99	100

2 Male die **Spalten**, in denen diese Zahlen stehen, rot an:

a) 3 13 23 33 43 53 63 73 83 93

b) 7 17 27 37 47 57 67 77 87 97

c) 9 ... d) 5 ...

1	2	3	4	5	6	7	8	9	10
11	12	13	14	15	16	17	18	19	20
21	22	23	24	25	26	27	28	29	30
31	32	33	34	35	36	37	38	39	40
41	42	43	44	45	46	47	48	49	50
51	52	53	54	55	56	57	58	59	60
61	62	63	64	65	66	67	68	69	70
71	72	73	74	75	76	77	78	79	80
81	82	83	84	85	86	87	88	89	90
91	92	93	94	95	96	97	98	99	100

› **1–2** Die Zahlen in der Hundertertafel finden und anmalen. Dabei nach Möglichkeit die Begriffe Zeile und Spalte nutzen.
› Ggf. gemeinsam besprechen, dass in jeder Zeile der Zehner gleich bleibt und in jeder Spalte der Einer gleich bleibt.

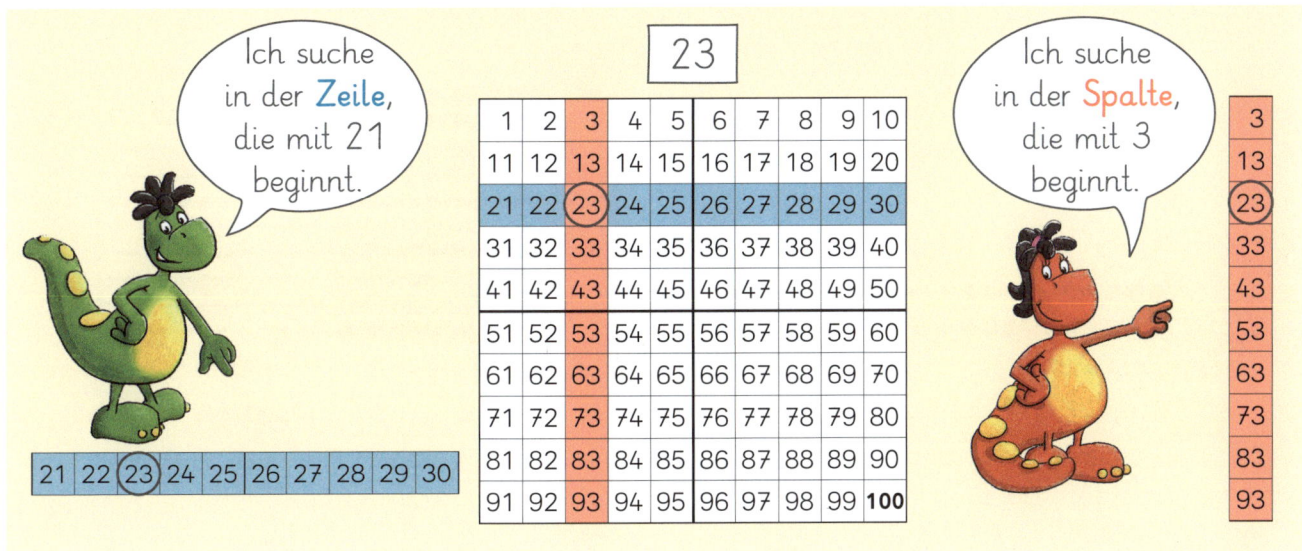

1 Male diese Zahlen an:

1	10	12	19	23
28	34	37	45	46
55	56	64	67	73
78	82	89	91	100

In welcher **Zeile** oder **Spalte** suchst du?

1	2	3	4	5	6	7	8	9	10
11	12	13	14	15	16	17	18	19	20
21	22	23	24	25	26	27	28	29	30
31	32	33	34	35	36	37	38	39	40
41	42	43	44	45	46	47	48	49	50
51	52	53	54	55	56	57	58	59	60
61	62	63	64	65	66	67	68	69	70
71	72	73	74	75	76	77	78	79	80
81	82	83	84	85	86	87	88	89	90
91	92	93	94	95	96	97	98	99	100

2 Male diese Zahlen an:

12	13	14	17	18
19	22	23	24	27
28	29	45	46	52
55	56	59	62	63
68	69	73	74	77
78	84	85	86	87

1	2	3	4	5	6	7	8	9	10
11	12	13	14	15	16	17	18	19	20
21	22	23	24	25	26	27	28	29	30
31	32	33	34	35	36	37	38	39	40
41	42	43	44	45	46	47	48	49	50
51	52	53	54	55	56	57	58	59	60
61	62	63	64	65	66	67	68	69	70
71	72	73	74	75	76	77	78	79	80
81	82	83	84	85	86	87	88	89	90
91	92	93	94	95	96	97	98	99	100

› **1–2** Zahlen in der Hundertertafel finden und anmalen. Beschreiben, in welcher Zeile bzw. Spalte sie zu finden sind.

1 Vergleiche die beiden Rechenrahmen.

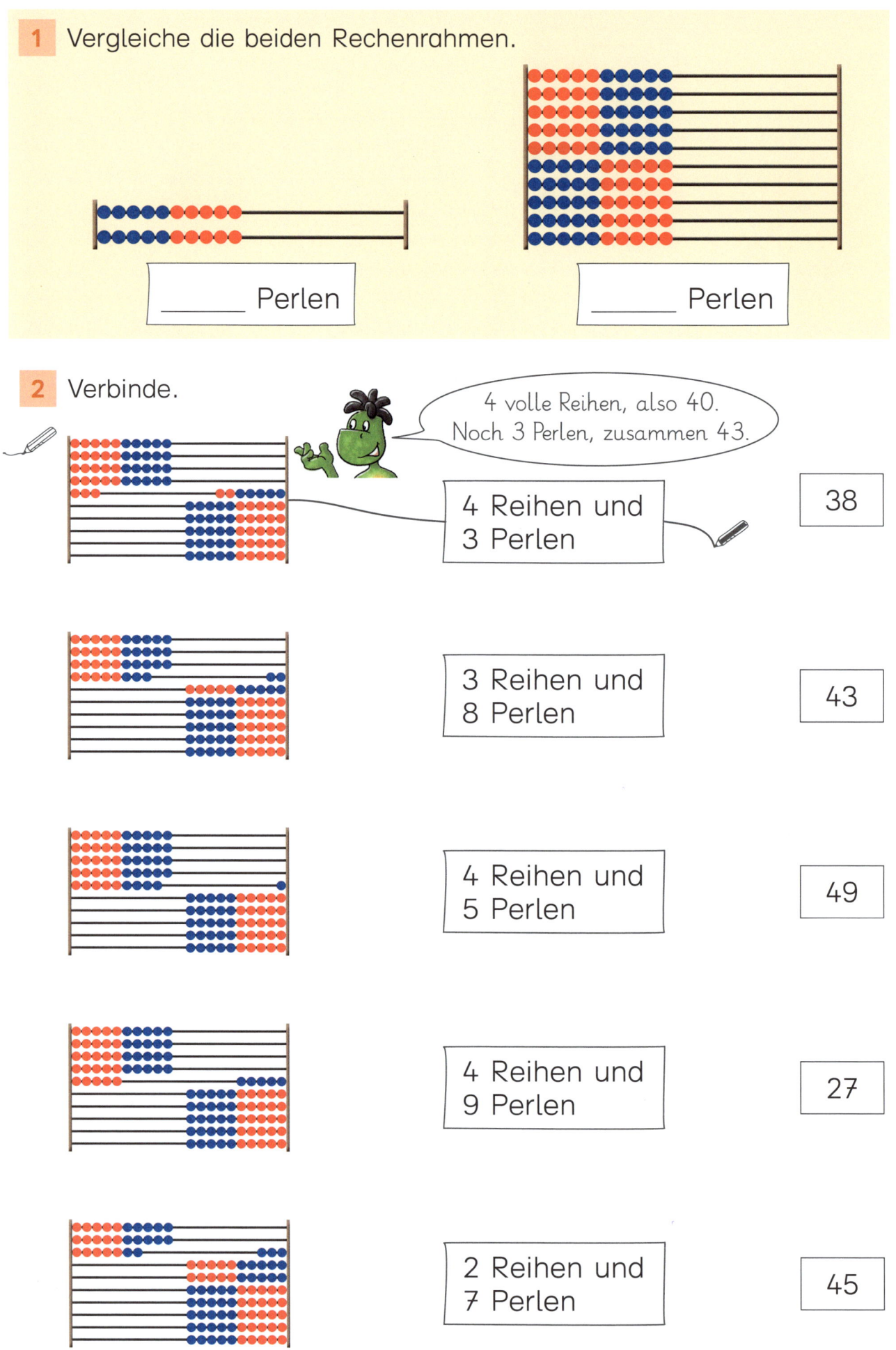

_____ Perlen

_____ Perlen

2 Verbinde.

4 volle Reihen, also 40.
Noch 3 Perlen, zusammen 43.

| 4 Reihen und 3 Perlen | 38 |

| 3 Reihen und 8 Perlen | 43 |

| 4 Reihen und 5 Perlen | 49 |

| 4 Reihen und 9 Perlen | 27 |

| 2 Reihen und 7 Perlen | 45 |

› **1** Gemeinsamkeiten und Unterschiede beschreiben: z.B. Anzahl der (roten/blauen) Perlen, Anzahl der Reihen, Anzahl der Perlen pro Reihe.
Besonders hervorgehoben werden sollte der Farbwechsel nach der 50 und dessen Bedeutung (Hilfe zum Ablesen und Einstellen der Zahlen).

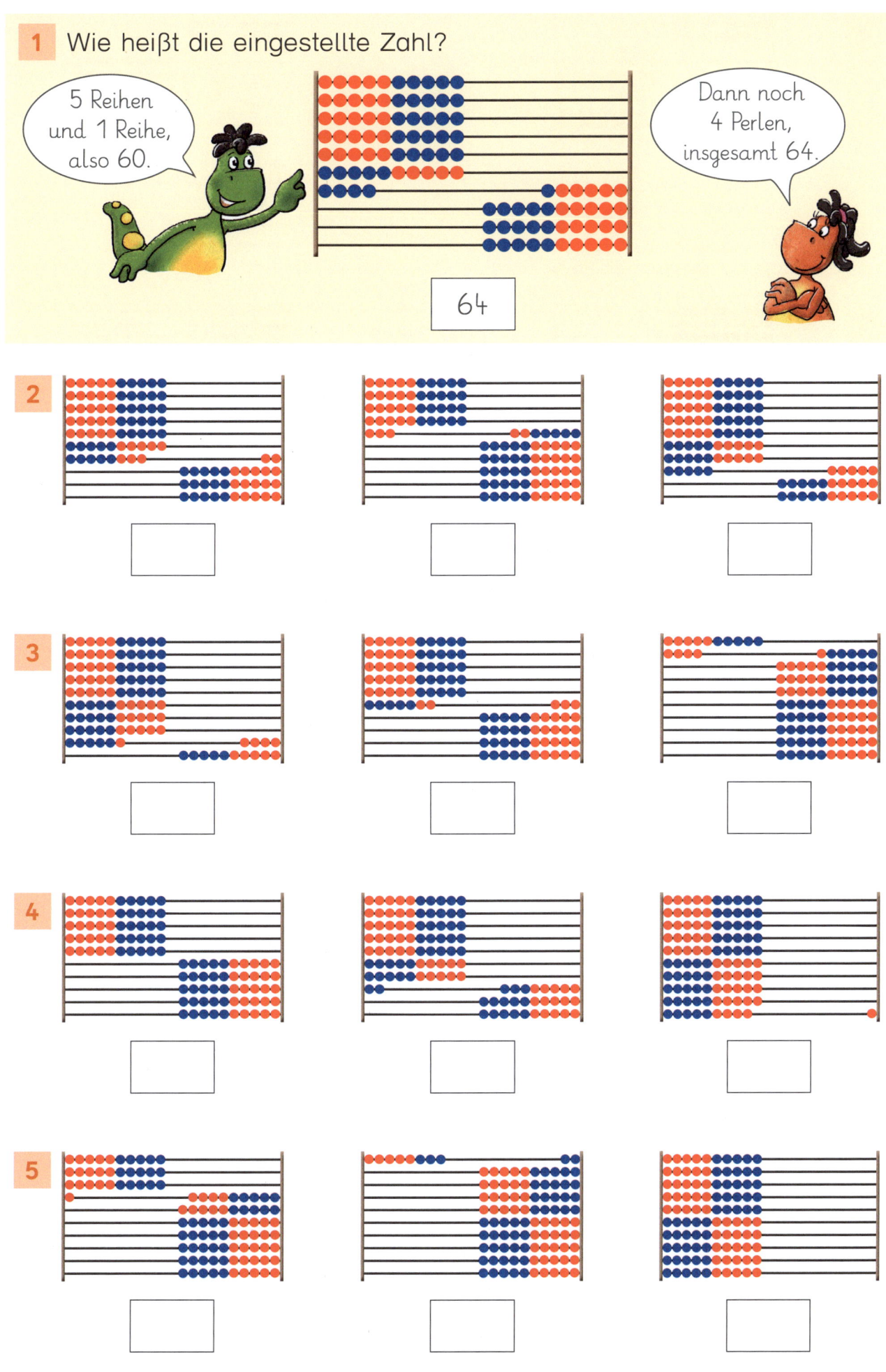

1 Wie heißt die eingestellte Zahl?

5 Reihen und 1 Reihe, also 60.

Dann noch 4 Perlen, insgesamt 64.

64

2

3

4

5

› **1** Gemeinsam lesen und am Rechenrahmen einstellen. Dabei auch besprechen, dass volle Zehner immer als ganze Reihe geschoben werden.
› **2–5** Zahlen am Rechenrahmen einstellen und beschreiben, wie die Zahl aussieht. Richtige Zahl notieren.

Übungen am Rechenrahmen

1

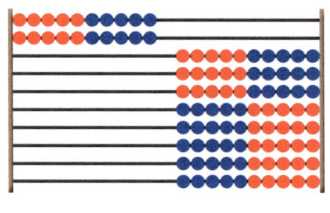

<u>20</u>

$20 + 7 = \boxed{}$

<u>7</u> dazu, zusammen _____

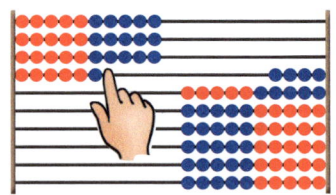

2

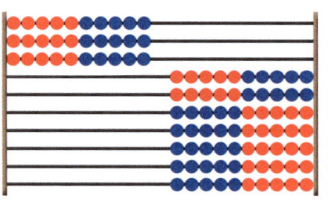

<u>30</u>

$30 + 6 = \boxed{}$

_____ dazu, zusammen _____

3

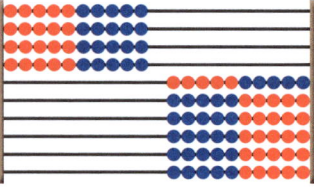

_____

$40 + 5 = \boxed{}$

_____ dazu, zusammen _____

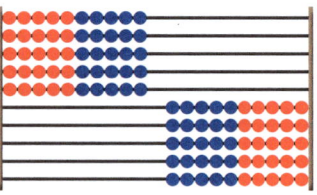

4

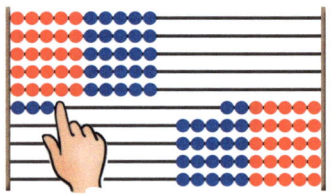

_____

$50 + 3 = \boxed{}$

_____ dazu, zusammen _____

 5 Zahlen schieben

Ein Kind schreibt verdeckt eine Zahl.
Es sagt, wie das andere Kind
schieben soll.
Das andere Kind schiebt
und nennt die Zahl.

Schiebe 4 Reihen und 7 Perlen.

› **1–4** Beim Einstellen der vollen Zehner am Rechenrahmen darauf achten, dass immer die komplette Reihe geschoben wird, nicht einzelne Perlen.
› **5** Spiel-Variante „Zahlen schieben verdeckt": Zwischen den Kindern steht ein Sichtschutz, das beschreibende Kind sieht den Rechenrahmen nicht.

1

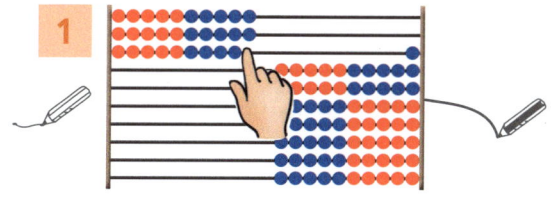

| 50 + 8 | — | 58 |

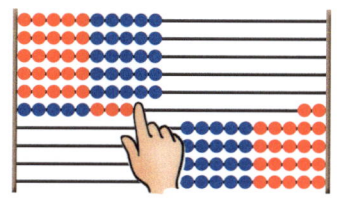

| 20 + 9 | | |

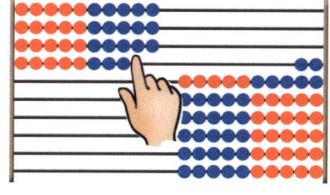

| 40 + 3 | | |

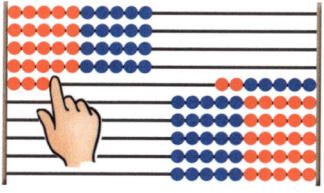

| 40 + 9 | | |

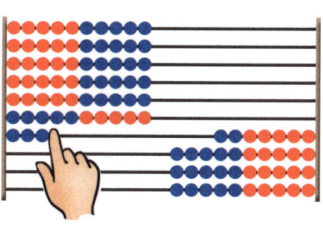

| 30 + 8 | | |

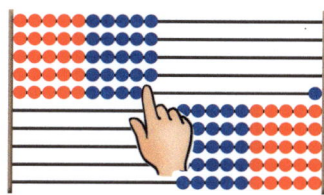

| 60 + 3 | | |

2 Blitz-Sehen

Ein Kind schiebt verdeckt eine Zahl.
Es zeigt sie kurz.
Das andere Kind nennt die Zahl.

› **1** Rechenrahmen mit der passenden Zerlegungsaufgabe verbinden, Zahl notieren.
› **2** Zusätzlich kann von den Kindern auch die passende Zerlegungsaufgabe (wie in Aufgabe 1) genannt werden.

1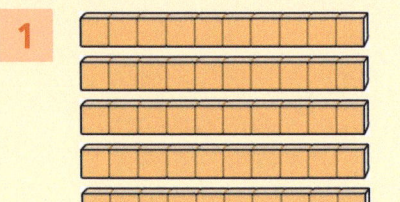

__ Z + __ E = _____

_____ + __ = _____

2

__ Z + __ E = _____

_____ + __ = _____

Auf gehts!

3
60 + 20 = _____

60 + 30 = _____

60 + 40 = _____

4
80 − 40 = _____

80 − 50 = _____

80 − 60 = _____

5
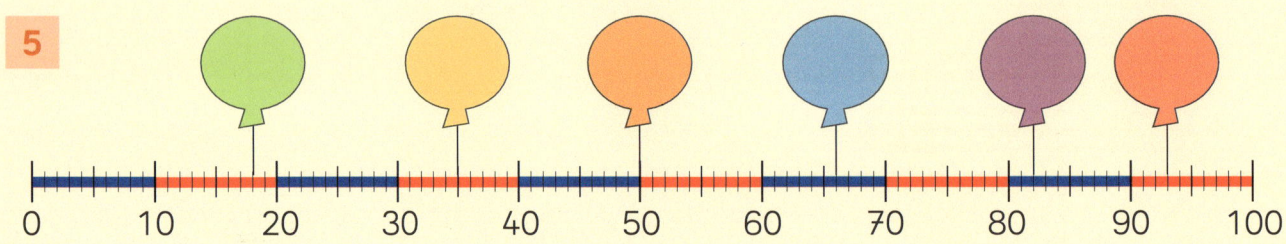

6

V	Zahl	N
	69	
	57	
	30	

Größer oder kleiner?

7
23 ◯ 32

60 ◯ 6

49 ◯ 94

0 ◯ 70

8
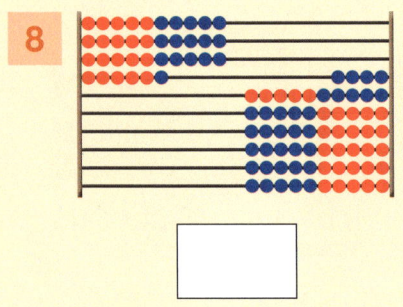
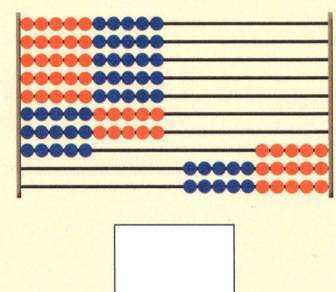
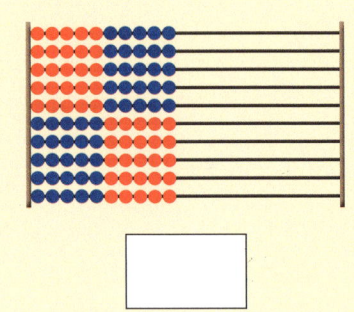